KB233115

동반성장의
길을 찾다

동반성장 우수사례집

동반성장의 길을 찾다

동반성장위원회 엮음

나무와숲

지나 보면 어제인가 싶은데 벌써 한 해가 저물었다. 동반성장이라는 화두를 붙잡고 씨름하면서 때로는 답답함에 가슴을 치기도 했지만 때로는 뿌듯함에 웃기도 했다.

동반성장은 양극화를 해소하고 공동체적 가치를 실현하며, 지속적인 경제성장을 위해 반드시 필요하다. 이 필요에 답하기 위해 건강한 기업생태계를 조성해야 하며, 건강한 기업생태계를 조성하기 위해 동반성장해야 한다.

그렇다면 동반성장이란 무엇일까? 동반성장은 한마디로 기회균등과 공정거래다. 대기업과 중소기업이 대등한 관계에서 공정거래를 하고, 시장에서 경쟁에 참여할 기회를 골고루 나눠 가지는 것, 이것이 바로 동반성장이다.

이렇게 하면 설명이 끝날까? 아닌 것 같다. 무언가 구체적인 것이 손에 잡히기를 바라는데 그렇지가 못하다. 어디에서부터 시작해야 할까, 고민이 깊어졌다. 많은 사람들이 동반성장이 무엇을 말하는지 궁금해했지만 뚜렷하게 그것이 무엇인지 제대로 알려주지 못했다. 덩치 큰 소 한 마리를 앞에 두고 어떻게 그 내부에 대해 설명해야 할지 막막해하는 것과 같다고나 할까. 결국 그 소를 해부해야만 제대로 설명할 수 있을 것이다.

그런 이유에서 기업의 동반성장 우수사례집을 발간하기로 했다. 구체적인 사례를 통해 중견기업이나 중소기업들도 동반성장의 길을 찾을 수 있도록 하자는 취지에서이다. 개념 위주의 딱딱한 사례집이 아니라 일반 국민과 기업 관계자들도 쉽게 읽을 수 있도록 마치 현장이 눈에 보이는 듯한 책을 펴내고자 했다.

비록 이 책에 담긴 내용이 많지는 않지만, 구체적인 동반성장 사례들이 널리 알려지면 동반성장에 대한 국민의 이해가 깊어지고, 동반성장을 위해 노력하는 개별 기업들도 많은 도움을 받을 수 있을 것으로 생각한다.

이 책을 엮는 데 각 기업의 동반성장 실무자들이 참여했다. 사례를 찾아서 정리하는 것은 물론, 토론회를 열어서 각 회사들이 진행하고 있는 사업의 장단점에 대해서도 논의했다. 나중에 다른 회사에서 동반성장에 대해 물어 오면 기꺼이 '우린 이렇게 한다. 이런 것이 동반성장이다' 라고 말할 수 있는 자신감도 얻었다. 우리 위원회 실무진도 이 작업을 통해 살아 있는 동반성장 현장을 간접적으로나마 체험할 수 있었다.

이 책을 내는 데 도움을 준 각 회사의 실무자들에게 감사한다. 일일이 거명할 수 없지만, 이들의 도움이 없었다면 동반성장 현장을 눈앞에 옮겨놓은 듯한 생생한 사례집을 발간할 수 없었을 것이다. 거듭 고마움을 표한다.

지난 2011년이 동반성장의 씨앗을 뿌린 '동반 1.0' 시대였다면, 2012년은 동반성장이 뿌리를 내리는 '동반 2.0' 시대로 만들려 한다. 동반성장과 함께 대한민국의 희망찬 미래가 펼쳐지기를 기대한다.

2012년 1월
동반성장위원회 사무총장
정영태

동반성장의 길

동반성장할 수 있다는 확신, 양극화를 확대하는 성장이 아니라
양극화를 완화하고 해소하는 성장이 가능하다는 사회적 공감대를
형성하는 것이 가장 중요합니다. 지혜를 모아야 합니다.
갈등할 시간이 없습니다. 좌절할 시간도 없습니다.
다함께 성장할 수 있다는 믿음을 되찾아야 합니다.

우리는 역사의 새로운 흐름을 보아야 합니다. 기존의 경제 패러다임이 시대에 맞지 않는다는 주장이 나오기 시작했습니다. "천재 한 사람이 만 명을 먹여 살린다"는 말, 아마 많이 들어 보셨을 것입니다. 기존의 경제 패러다임을 이보다 더 잘 표현한 말도 없을 것입니다.

그러나 천문학적 수익을 올리는 이 '천재들'은 일자리를 창출하지 않았습니다. 한푼 두푼 모아서 주식을 사고 투자를 하면서 월가의 천재들이 나를 부유하게 만들 것이라고 생각했지만, 현실은 그렇지 못했습니다. 사람들은 그들이 자기와 같은 수십만 명이 아니라 그들의 배만 불려 왔다는 사실을 깨닫고 있습니다.

사람들은 글로벌 금융위기가 발생한 뒤 세금으로 구제받은 은행 임직원들이 위기 이전보다 더 많은 보너스를 챙기는 것을 보았습니다. "천재 한 사람이 만 명을 먹여 살린다"는 패러다임의 지배 원리는 다름 아닌 탐욕이었음을 깨닫게 되었습니다. "월가를 점령하라"는 구호의 다른 말은 바로 "탐욕을 이제 멈추라"는 것입니다.

사람들은 일하고 싶으면 일자리를 얻을 수 있고, 열심히 일하면 생활형편이 점점 나아지는 세상을 만들어 달라고 요구하기 시작했습니다. 1%보다 99%를 위한 세상을 만들어 달라는 이들의 요구를, 가진 사람들에 대한 시기와 질투라고 비난할 수 있습니까?

부자가 교만하면 그의 이익 추구는 탐욕으로 비쳐집니다. 탐욕은 인간의 본성이기는 하지만, 인간의 본성 중에도 가장 절제되어야 하는 본성입니다. 자본주의와 시장이 탐욕까지 지켜주기를 기대한다면 그것은 착각입니다. 자본주의는 탐욕과 아무 상관이 없기 때문입니다. 자본주의는 정당한 이익 추구를 보호하려는 것이지 탐욕 추구까지 보호하기 위한 것은 아닙니다. 자본주의는 오히려 충동적 탐욕을 합리적으로 제어하기 위한 장치입니다. 자본주의의 기본 정신은 절제에 가깝습니다. 탐욕이 억제되어야 시장의 활력이 유지될 수 있기 때문입니다.

이제는 탐욕이 아니라 절제와 조화를 바탕으로 하는 새로운 경제 패러다임을 만들어야 합니다. 아니, 지금 우리는 새로운 패러다임을 만들고 있습니다. 바로 동반성장입니다.

세계경제의 침체와
금융위기

지난 4월 이후 해외 경제 여건이 많이 변했습니다. 특히 7월 이후에 미국·일본·유럽 등 선진국의 경제여건이 급격히 악화되었습니다. 선진국들이 동시에 경기침체 그리고 금융위기에 처할 가능성을 배제할 수 없는 어려운 상황에 처해 있습니다. 그리스에서 촉발된 정부 재정위기가 이탈리아·스페인·포르투갈 등 인근 국가로 확산되고, 유로화를 공통 화폐로 하는 유로존이 금융위기에 휘말려들었습니다.

우리나라도 여기에서 자유로울 수는 없습니다. 외환시장이 완전히 개방되어 있어서 어떤 나라들보다 민감하게 반응할 수밖에 없기 때문입니다. 정부와 금융권은 외환보유고가 충분하기 때문에 걱정하지 않아도 된다고 국민들을 안심시키는 한편, 대외신인도가 떨어지지 않도록 다방면으로 노력하고 있습니다. 국제적 신용평가 기관에서도 한국은 위험하지 않다고 말합니다.

그러나 대기업들은 발빠르게 현금을 확보하고 있습니다. 은행에서 빌리고, 채권을 발행하느라 정신이 없습니다. 2008~2009년 '리먼 브러더스' 사태로 촉발된 외환위기를 겪으면서 대기업들은 '높은 금리'를 무릅쓰고 현금 확보에 나섰던 적이 있는데, 지난 10월부터 또 현금을 확보하느라 정신이 없습니다.

원인은 두 가지입니다. 하나는 2008년 당시 대기업들이 발행한 채권의 만기가 대부분 내년에 몰려 있기 때문입니다. 또 하나는 그리스에서 촉발된 정부 재정위기로 인해 유럽 금융이 크게 흔들리고 경기가 위축되면서 현금 보유 필요성이 다시 제기되었기 때문입니다.

그러나 현금만 쌓아놓는다고 해결될 문제는 아닙니다. 최근 유럽 사태가 조금씩 진정되는 기미가 보이긴 하지만, 이 문제는 과거의 금융위기와는 성격이 다릅니다. '실업'과 '경기침체'라는 근본적인 문제가 내포되어 있습니다. 해결되려면 오랜 시간이 필요합니다. "월가를 점령하라"는 구호가 전 세계로 급속히 퍼져나간 이유도 바로 여기에 있습니다.

결국 선진국의 경기 둔화로 중국·인도·브라질 같은 거대 개발도상국들은 수출이 줄어들게 됩니다. 우리나라도 경기 감속이 불가피해졌습니다.

거의 모든 국가들이 동시에 성장세가 둔화되고 있으며, 세계 경기 침체가 상당 기간 지속될 것이라는 게 대체적인 전망입니다. 2012~2013년이면 올해보다 실질 경제성장률이 높아질 것이라는 전망을 가능케 했던 선진국의 경기부양 여건도 악화되고 있습니다. 선거를 앞둔 미국·일본·독일·중국·프랑스 등이 경기부양을 위한 정책 수단을 동원할 여력이 없을 것으로 예상되기 때문입니다.

수출 비중이 높은 우리 경제의 성장세도 둔화될 것 같습니다. 2012년 경제성장률이 3%대에 겨우 머물 것 같다는 전망이 많습니다. 미국 등 선진국 경제의 성장 둔화로 우리나라의 대미 수출 주종

품목인 무선통신기기, 자동차 및 자동차 부품 등의 수출 증가세가 빠르게 둔화되고 있을 뿐만 아니라, 개발도상국에 대한 수출도 점차 감소할 것으로 보입니다. 중국을 포함한 우리나라의 개발도상국 대상 수출이 주로 중간재 및 부품 중심이라는 점에서 선진국 경기에 매우 민감하게 반응하기 때문입니다

이렇게 되면 미국 경기 둔화와 이에 따른 여타 선진국 경기 둔화, 개도국 수출 둔화, 우리나라의 수출 위축이라는 현상이 가시화될 전망입니다.

동반성장이라는 시대적 화두가 대두된 것은 바로 이런 어려운 상황을 극복하고 지속적으로 성장할 방법을 찾기 위해서입니다.

동반성장으로
사회 양극화 해소

미래학자인 자크 아탈리는 21세기에 가장 중시되는 가치를 '공동의 이익과 이타주의'라고 규정했습니다. 왜 그럴까요? '살아남기 위해서' 그렇게 하지 않으면 안 되기 때문입니다. 현대인들은 전쟁과 테러 등을 겪으면서 이기적인 생각으로 나 혼자만 행복하면 만족할 수 없다는 것을 깨닫고, 합리적인 이유로 이타주의를 실천합니다.

극단적으로 말하면 행복한 사람이 한 명 있으면 불행한 여럿이

그를 죽일 수 있다는 것이지요. 자신이 행복하려면 다른 사람도 행복하게 만들어야 한다는 이기적 합리주의가 바로 아탈리가 말하는 이타주의입니다.

첫째로, 동반성장은 이런 합리적 이타주의를 우선 대기업과 중소기업이 모범을 보여 사회 곳곳에서 모두가 행복해지자는 개념입니다. 미래에 살아남기 위해서 모두 동반성장하자는 것입니다.

우리는 전통적으로 '더불어 산다'는 공동체적 가치를 가장 중요한 사회적 덕목의 하나로 삼아 왔습니다. 400년을 내려온 경주의 최부자 집이 있습니다. 이분들은 "흉년에는 논 사지 말라, 100리 안에 굶어죽는 사람이 생기지 않게 하라, 재산은 1만 석 넘지 않게 하라"는 등, 부를 축적하는 데 일정한 금도를 가지고 있었다고 합니다. 그리고 집안사람들에게 검소한 가풍을 철저히 지키도록 단속했다고 합니다. 가진 사람들이 공동체의 생존을 위해 기여하는 것이 당연하다고 여긴 것입니다.

이렇게 과거에는 부호들이 민족을 일깨우고 민생을 돌보는 데 앞장선 예를 많이 볼 수 있습니다. 요즘에도 재벌이나 부호들 중에서 이런 칭송을 받을 만한 일을 하는 사례가 적지 않을 것이라고 생각합니다. 아니, 어디선가 이런 좋은 사례들이 많이 나오고 있다고 믿고 싶습니다. 정말 어렵게 모은 돈을 좋은 일에 써달라고 사회에 기탁하는 평범한 시민들에게 부끄럽지 않기를 바랍니다. 겉으로만 문화재단·복지재단 세우지 말고 문화와 복지에 실질적인 도움을 주기 바랍니다.

지난 2010년에 빌 게이츠와 워런 버핏이 미국의 대부호들을 초청해서 재산의 절반을 사회에 기부하자는 운동을 펼친 일을 잘 알고 계실 것입니다. 이 운동의 중심체인 'The Giving Pledge' 재단에는 현재까지 미국 최고 부자 400여 명 중 69명이 참여하고 있는데, 이들이 공개적으로 서약한 기부 금액이 200조 원을 넘었다고 합니다. 그중에는 놀랍게도 아직 26세밖에 되지 않은 페이스북 창업자 마크 주커버그도 있습니다.

워런 버핏은 "나를 부자로 만든 것은 사회다. 따라서 내가 번 돈을 사회에 환원하는 것은 부자의 책무이다"라는 말을 했습니다. 저는 이 말이 단순히 부자니까 많이 나눠야 한다는 것만을 의미한다고는 생각하지 않습니다. 오히려 부의 창출을 가능케 한 사회적 제도가 안정적으로 유지되기 위해서, 그 제도의 혜택을 가장 많이 본 부자들이 그 제도의 유지에 일정한 책임을 가지고 있다는 의미도 담고 있다고 봅니다.

동반성장은 이러한 전 지구적 각성과 변화의 한 모습이라고 볼 수 있습니다. 동반성장의 첫걸음은 우리의 전통과 공동체적 가치를 현재 되새기는 데서 시작한다고 생각합니다.

둘째로, 지속적인 성장과 발전을 위한 발전 모델의 전환 차원에서 동반성장이 이루어져야 합니다. 지속적인 성장과 발전을 위해서 장기적으로는 교육시스템을 개선하고, 중기적으로는 R&D에 대한 투자를 높여야 합니다만, 단기적으로는 대·중소기업이 동반성장해야 합니다.

한국의 대기업과 중소기업이 함께 성장할 수 있는 선순환적 생태계를 만드는 일, 다시 말해 대·중소기업이 동반성장하는 길을 여는 것이야말로 그 경제적 효과를 단기간에 이끌어낼 수 있을 뿐만 아니라, 지속적 성장을 위해서 반드시 필요합니다.

민관 합동 조직인 미국의 '국가경쟁력위원회Council on Competitiveness'가 최근 발간한 『국가 혁신 보고서National Innovation Report』는 21세기의 국가 혁신을 검토하기 위해 주목해야 할 일곱 개의 키워드 중 하나로 '대기업과 소기업 관계의 변화'를 지목하고 있습니다.

거대 제약회사인 화이자Pfizer와 머크Merck는 수조 원의 R&D 예산을 쓰고 있고, 회사 내부에 수많은 팀과 연구소를 전 세계에 걸쳐 보유하고 있습니다. 그럼에도 수백 개의 소기업과 R&D 파트너십을 맺고 있습니다. 그들은 끊임없이 초기 R&D를 하는 소규모 바이오 기업을 물색하다가 이들의 기술을 라이선싱하거나 아예 그 회사를 사버리는 경향이 점점 더 커지고 있습니다.

왜 그렇게 하겠습니까? 그것은 이런 거대 제약회사들도 모든 R&D 분야에서 최고일 수는 없기 때문입니다. 비슷한 예는 많습니다. 세계 최대의 소프트웨어 회사인 마이크로소프트도 수만 명의 소프트웨어 엔지니어를 보유하고 있지만, 세계 전역에 걸쳐 소기업들과 협력하고 도움을 받아 가며 제품을 개발하고 있습니다.

소기업은 특정 틈새 분야에 대해 아주 깊은 전문성을 가지고 있는 경우가 많지만 거대한 팀을 이루고 복잡한 환경 속에서 프로젝트를 관리해 본 경험이 거의 없습니다. 반면 대기업은 대단히 폭넓은 기술적 포트폴리오를 갖고 있기는 하지만, 특정 기술 분야에 대한 전문성은 상대적으로 '전문기업'에 비해 부족합니다. 그래서 대기업과 소기업은 서로 다른 역할을 하면서도 함께 힘을 합하여 더 큰 기술적 진보와 혁신을 이루어야 합니다.

대기업들은 복잡한 거대 프로젝트를 관리하고, 서로 다른 문화와 언어, 서로 다른 전문기술과 비즈니스 접근법을 가진 다양한 구성원들을 거대한 하나의 팀으로 연결하는 데는 확실히 전문가라고 말할 수 있습니다. 이제 더 이상 중소기업과 대기업이 다윗과 골리앗의 관계에 머물러서는 안 됩니다.

이제 동반성장의 문제는 선택의 단계를 넘어 필연의 단계에 들어섰으며, 우리 대기업들도 협력 중소기업과 전체 사회를 아우르고 상생하는 발전 모델로 전환해야 합니다. 그리고 이러한 전환에 걸맞은 새로운 기업 문화, 새로운 관리 역량을 강화해야 합니다.

셋째로, 동반성장의 추진은 사회 양극화 문제 해결을 위해서 반드시 필요합니다.

정부와 우리 국민 모두의 노력으로 1997년의 외환위기와 2008년의 글로벌 금융위기를 극복했지만, 그 과실은 소수 대기업에만 편중되어 사회 양극화가 더 심해졌다는 것이 일반적 공론입니다. 대기업들이 전통적으로 소상공인과 중소기업의 영역이던 MRO, SSM, 금형사업 등은 물론이고 외식사업, 웨딩사업 등에 무차별적으로 진출하고 있는 사례에서 보듯이 이러한 경향은 완화될 기미가 보이지 않습니다.

2010년 삼성·현대차·SK·LG 등 4대 그룹 전체 매출(해외 매출 포함)은 603조 3000억 원으로, 우리나라 전체 GDP의 51%에 해당합니다. 2007년에는 GDP의 43% 수준이었습니다. 한국은행에 따르면 대기업 세전稅前 순이익률은 2007년 7.9%에서 2010년 8.4%로 늘었지만, 중소기업은 3.8%에서 2.9%로 떨어졌습니다. 대기업은 갈수록 살찌고 중소기업은 여위고 있는 것입니다.

대다수 중소기업은 이자 갚고 임금 주고 나면 남는 게 없다고 호소합니다. 고용의 88%를 차지하는 중소기업 근로자들의 임금도 거의 제자리걸음입니다. 그러나 식료품과 생필품 값은 적게는 10%, 많게는 70%까지 뛰어올랐습니다. 전세는 구하기도 어렵고, 월세는 뜀박질을 하고 있어 근로자들의 시름이 더 깊어지고 있습니다.

2010년 말 현재 개인들의 금융 부채는 937조 원으로 2009년 말보다 8.9% 늘었습니다. 2009년 말 기준 우리나라 가처분소득 대비 가계부채 비율은 144%나 되는데, 미국에서 서브프라임 사태가 났을 때 가처분소득 대비 가계부채 비율은 129%였습니다. ‘빚더미 제국’이라고 했던 미국보다 우리가 더 위험한 상황이 돼버렸습니다.

대기업의 강자 독식 체제와 시장지배력이 지속되면 중소기업은 대기업의 포로가 되고, 젊은이들의 창업 의지를 꺾어 버려 우리 사회는 활력과 희망을 잃어버리게 될 것입니다.

대·중소기업 동반성장을 두고, 일부에서는 “공정거래법을 잘 지키면 된다”는 얘기를 합니다. 이는 하지 말자는 얘기나 마찬가지입니다. 미국, 유럽, 심지어 중국도 반독점법을 시행하고 있는데, 우리나라에서는 공정거래법을 적용하고 있습니다. 하지만 안타깝게도 '시장에서의 기업 간 자율경쟁 촉진'을 기본 목표로 하는 이 법이 잘 지켜지고 있다고 믿는 국민은 많지 않습니다.

지금이라도 시장 지배집단의 규제와 권한 남용, 시장 교란 행위에 대한 법적·제도적 조치를 전면 재검토해야 합니다.

시장경제체제에 대한 믿음을 되찾아야 합니다. 국민이 경제 주체의 한 사람으로서 성실하게 일하면 충분히 잘 살 수 있다는 믿음을 가지게 해야 합니다. 공정과 정의를 철학적 기반으로 하는 합리적 경제체제를 구축해야 합니다. 그것은 달리 말하면 양극화를 확대하는 성장이 아니라 양극화를 완화하고 해소하는 성장이 가능하다는 사회적 공감대를 확보하는 일입니다. 바로 동반성장이 가능하다는 믿음을 가지도록 해야 한다는 것입니다

건강한 기업생태계
구축하기

동반성장을 위해서는 두 가지가 전제되어야 합니다. 하나는 '기회를 균등하게 주자', 그리고 다른 하나는 '거래를 공정하게 하자'입니다. 기회를 균등하게 주기 위해서 중소기업 적합업종을 선정하거나, 공사公私 양면에서 중소기업이 기술개발을 하는 데 도움을 주는 것 등이 기회균등이고, 공정거래는 주문과 납품, 그리고 정산

과정에서 지금보다 좀 더 공정한 거래가 이루어지도록 하는 것입니다.

현실을 보면 서면 주문보다 구두 주문이 많습니다. 이른바 '납품단가 후려치기'라고 해서 납품 과정에도 문제가 많습니다. 정기·비정기적인 CR^{Cost Reduction}은 중소기업을 더욱 힘들게 합니다. 뿐만 아니라 최근에는 현금 결제가 많아졌다고 하지만 아직도 어음 결제가 많은 것이 현실입니다.

이러한 기회균등·공정거래 관행이 경제 전반에 뿌리내려야 합니다. 동반성장의 목표는 건강한 기업생태계를 구축하는 것입니다.

건강한 기업생태계는 대·중소기업이 대등한 관계에서 협력하는 곳입니다. 산업연관 구조가 조밀해서 가격경쟁력과 기술경쟁력을 기반으로 하는 기업들이 공존하는 곳입니다.

건강한 기업생태계는 세 가지 요소를 포함합니다.

첫째는 '적절히 분화된 시장'입니다. 호랑이와 토끼가 함께 경쟁할 수는 없습니다. 호랑이가 토끼를 다 잡아먹으면 호랑이도 죽습니다. 서로의 영역을 적절히 나누어야 합니다. 이렇게 해야 최적의 효율성을 얻을 수 있습니다.

둘째는 적정한 '개체'입니다. 경제 규모에 맞는 기업과 기업인, 근로자가 유지되어야 합니다. 아무리 자원이 풍부해도 개체수가 너무 적으면 생태계는 멸종에 이릅니다. 고용 유지와 확대를 위해 노력하는 것이 필요합니다.

셋째는 '경쟁력'입니다. 황소개구리가 우리 토종 개구리를 다 잡아먹으면 되겠습니까? 건강한 기업생태계는 외부 생태계와의 경쟁에서 이겨야 유지될 수 있습니다.

이상의 세 가지 요소가 적절히 조화를 이루며 유지되는 것, 이것이 바로 건강한 기업생태계입니다. 기업생태계 관점에서 보면 어느 기업이건 그 기업 단독의 힘으로 고객에게 보다 높은 가치를 제공하는 것은 불가능합니다.

이에 따라 경쟁 또한 개별 기업 차원이 아닌 기업생태계 차원의 시스템 경쟁력이 중요한 요소로 대두되고 있습니다.

이러한 시스템 경쟁력 차원에서 기업들이 공급 사슬Supply Chain 경쟁력을 높이기 위해 필요한 것이 동반성장을 위한 협력입니다. 이는 모든 기업에 필수적인 요소입니다.

동반성장을 위한 협력에는 세 가지 원칙이 있습니다.

첫째, 시장친화성 원칙입니다. 시장친화적 협력이 되기 위해서는 그 협력이 대기업의 일방적 부담을 강요하는 것이 아니라, 상호 호혜적인 동반성장을 지향해야 합니다. 그리고 궁극적으로는 소비자 후생 증대에 기여하는 것이 되어야 합니다.

둘째, 지속가능성 원칙입니다. 멀리 보는 동반성장 협력이어야 한다는 것입니다. 이를 위해서는 단기 수익만 중시하는 경영에서 탈피하여 장기적인 관점에서 '윈-윈win-win'하는 전략을 세워야 합니다. 기업 간 협력이 지속가능한 성장의 원동력이 되도록 장기적인 관점에서 노력해야 합니다. 장기적인 경쟁력을 높여 가는 전략을 통해서 선순환의 협력 고리를 만들어야 지속성이 생깁니다. 이렇게 해서 궁극적으로는 개별 기업의 발전 전략에서 전체 산업 발전 전략으로 진화해야 합니다.

셋째, 공감성 원칙입니다. 동반성장을 위한 기업 간 협력의 필요성에 대해 대기업과 중소기업이 공감대를 형성해야 합니다. 이 공감대 위에서 역량이 커지고, 신뢰가 구축되고, 기술혁신이 이루어져야 합니다. 그렇게 해야 기업 간 협력이 현재의 파이를 나누는 것이 아니라 파이를 키우는 동반성장으로 발전하는 것입니다. 특히 중소기업의 기술력을 키워서 부가가치를 증대할 수 있다는 것에 대기업이 공감할 때 기업 간 협력이 대기업의 부담이 아니라 '전략'으로 발전할 수 있습니다.

이렇게 보면 가장 이상적인 기업 간 협력은 그것이 목표가 아니라 '결과'가 되도록 하는 것입니다. 다시 말해서 대·중소기업이 함께 동반성장하도록 하는 것입니다.

동반성장을 위한 기업·정부·시민의 역할

과거에는 기업은 사익을 추구하면 되고, 시민사회는 국정에 대해서 비판하는 역할을 했습니다. 국정운영의 책임은 의회와 정부에게만 있었습니다.

그러나 이제는 달라졌습니다. 사회가 다원화되고, 시민사회가 발전하고, 경제 부문이 확대되면서 정부는 사회경제 발전의 주도자로서의 기능과 지위를 상실하였습니다. 국회가 유일한 대의정치 기구로서 국민의 의사를 반영하는 시대가 지나갔습니다.

정부는 국민에 대한 '서비스 제공자'가 되었습니다. 국가와 사회를 이끌어가는 정부의 독점적 역할이 기업과 시민단체에게도 나누어졌습니다. 정부는 기업·시민들과 함께 정책을 만들고, 기업과 시민들도 각자의 기능에 따라서 역할을 나눕니다. 기업도 시민사회도 국정운영의 책임을 함께 집니다.

따라서 이제는 동반성장을 통한 건강한 기업생태계 조성을 위해 국가와 사회의 모든 구성원이 함께 책임지고 노력해야 합니다.

첫째, 대기업의 역할입니다. 대기업은 협력을 위한 전담 조직, 평가시스템 등을 통해 동반성장 경영을 제도화하고, 동반성장을 위한 투자를 지속적으로 확대해 나가야 합니다.

이때 가장 중요한 것은 최고경영자의 신념입니다. 동반성장 경영에 대한 최고경영자의 신념의 크기가 협력의 성과에 비례하기 때문입니다. 목표가 아닌 결과로서의 동반성장을 위해 대기업과 중소기업이 상호 협력하는 것, 그 자체가 경영철학과 경영 메커니즘으로 정착되도록 해야 합니다.

대기업과 협력 중소기업의 관계가 우리처럼 수직적인 '갑을 관계'로 된 나라는 거의 없습니다. 이를 수평적인 관계, 합리적인 계약 관계로 전환해야 합니다. 대기업과 협력 중소기업이 공정하게 경쟁하고 거래할 수 있는 여건, 상황에 따라 이리저리 흔들리지 않는 '룰'을 확립하는 일이 가장 근본적인 숙제입니다.

예를 들어 원자재 값 인상이 납품 가격에 합리적으로 반영될 수 있도록 해야 합니다. 거래 관계를 안정시키기 위해 구두 발주의 관행을 없애야 합니다. 협력 중소기업과의 계약 관계를 개선하는 일에 더 많은 노력을 기울여야 합니다.

지금처럼 대기업의 담당 임원과 팀장들이 실적 위주 평가로 내몰리고 있는 상황에서는 동반성장이 설자리가 없습니다. 최대한 비용을 줄여서 최대한 이익을 내겠다는 생각을 버리지 않으면 안 됩니다. 적정 이익을 통해 적정 성장을 하겠다는 것을 기업의 가치로 삼아야 합니다. 총수를 비롯한 대기업 전 직원이 생산자가 소비자라는 생각, 협력사가 고객이라는 생각을 가져야 합니다. 정부의 눈치만 보아서도 안 됩니다. 책임의식을 가지고 스스로 변해야 합니다.

둘째, 중소기업의 역할입니다. 중소기업은 지식을 기반으로 하는 혁신역량을 키워야 합니다. 이러한 혁신적 기업가 정신을 바탕으로 지식 자산을 지속적으로 확충하고, 대기업과의 협력은 물론 2·3차 협력사와도 동반성장해야 합니다. 왜냐하면 지금 우리나라는 노동과 자본투입형 경제에서 지식주도형 경제로 이행하고 있기 때문입니다.

일부에서는 '동반성장'이 중소기업의 자조·자립 노력을 희석시킨다는 지적이 있습니다. 문제의 원인을 대기업 탓으로만 돌린다는 것입니다. 순전히 틀린 말은 아닙니다. 일부 중소협력사들이 동반성장을 빌미로 대기업에게 무리한 요구를 하거나, 잘못을 전가한다는 말이 들리기도 합니다.

우리는 문제를 어느 한 방향에서가 아니라 입체적으로 보아야 합니다. 중소기업은 지금보다 더 노력해야 합니다. 대기업으로부터 부당한 '을'로 취급받지 않도록 실력을 키워야 합니다.

우리의 경제시스템은 대기업이 주도하는 수출지향형 성장 패턴으로 굳어져 있습니다. 물론 이 구조를 순차적으로 바꾸어 나가야겠습니다만, 글로벌 시장에서 경쟁력을 가져야 살아남을 수 있다는 것은 어떤 상황에서도 달라질 수 없습니다.

따라서 대·중소기업을 막론하고 글로벌 시장에서 세계적인 초우량기업들과 경쟁하려면 품질과 가격경쟁력을 높여야 합니다. 그리고 계속해서 새로운 것을 창조해 내는 능력, 혁신적 역량을 키워야 합니다.

셋째, 정부의 역할입니다. 정부는 시장 실패를 보완하는 한편, 공정한 거래 관행을 정착시키기 위한 법적·제도적 환경을 갖추어야 합니다. 기업 간 협력과 조정이 필요하면 인센티브도 제공해야 합니다.

현재 동반성장위원회에서 '중소기업 적합업종'을 지정하는 일을 하고 있습니다. 이 일은 건강한 기업생태계 조성을 위해서 매우 중요한 일로, 정부도 더 많은 관심을 가져야 합니다. FTA 상황에 대비해 제도적으로 어떻게 하면 실효성을 높일 수 있을지 고민해야 합니다. 법적으로 강제하기 어려운 만큼, '독과점 방지'와 '내수시장 확대' 차원에서 어떤 제도적 장치를 마련할 수 있을지 연구하고 실천적 대안을 마련해야 합니다.

지방자치단체의 역할도 이와 같은 맥락에서 매우 중요합니다. 특히 기업과 주민들에게 동반성장이 무엇인지, 왜 필요한지 확실히 알리고, 동반성장을 위해 지역주민들이 할 일을 스스로 찾을 수 있도록 도와주어야 합니다. 무엇보다 기회균등과 공정거래 관행이 자리잡도록 해야 합니다. 이것이 가장 기본적이고 가장 필요합니다.

먼저 지방자치단체와 지역 내 동반성장 관련 기구(동반성장협의회)는 관내 산업연관 효과를 최대화할 수 있도록 실질적이고 유기적인 산업 클러스터를 구축해야 합니다. 대기업과 중소기업 간의 수직적 협력 관계뿐만 아니라 동종 및 다른 업종 간의 수평적 협력 관계를 어떻게 맺어 나갈 것인지 고민해야 합니다.

그동안 지역 발전을 위한 정부 시책도 있었고 행정부와 공공기관을 지방으로 이전하기로 했지만, 그게 전부가 아닙니다. 정말 중요한 것은 지역에 있는 산·학·연·관이 '생산과정' 전반에 걸쳐 적절하게 역할과 기능을 나누는 것입니다. 동반성장은 바로 이렇게 지역 단위의 산업 클러스터 구축이라는 맥락에서 이해되어야 합니다.

또한 동반성장은 생산현장을 중심으로 이루어져야 합니다. 지역에 있는 대기업은 영업이나 기획 파트보다는 생산시설이 대부분입니다. 중소협력사는 대기업의 '생산과정'에 연결되어 제품을 공급하거나 용역을 제공합니다.

따라서 정부에서 말하는 거창한 제도적 접근보다는 실제로 생산현장에서 부딪치는 문제를 해결하는 차원에서 동반성장 활동을 해 나가야 합니다. 그렇지 않으면 지역 내 대기업의 의사결정자는 아무엇도 할 수 없습니다. "본사에 물어 보겠다", "나는 결정 권한이 없다"고 한마디 하면 끝입니다. 말만 그런 것이 아니라 실제로 그렇습니다. 동반성장협의회와 같은 논의 기구를 통해서 구체적이고 다양한 협력 방안이 많이 논의되기를 바랍니다.

다음으로 동반성장은 공동체 문화 확산 차원에서 이루어져야 합니다. 해체된 지역 공동체를 회복하고 우리 고유의 공동체 문화를 확산하는 차원에서 동반성장이라는 것이 이해되기를 바랍니다.

동반성장 문화를 확산하지 않으면 지속적인 동반성장을 하기가 어렵습니다. 뿌리가 튼튼해야 줄기와 잎새도 싱싱하게 자라날 수 있는 것처럼, 지역주민들이 동반성장에 대해 잘 이해하고 있어야 모든 것이 잘 될 수 있습니다. 동반성장이야말로 지역 발전의 근간이라는 사실을 깨닫고, 동반성장을 지원하고 지지하고 때로는 매섭게 비판도 해야 합니다. 그렇게 되도록 지역주민들에게 공간을 열어 주고, 주민들의 적극적인 활동을 위해 지자체와 그 지역의 동반성장협의회가 많은 노력을 기울여야 합니다.

마지막으로 시민사회의 역할입니다. 공무원이나 기업인이 아니라 자연인으로서, 동반성장을 위해 이렇게 해달라고 특별히 당부하고 싶은 내용입니다.

시민사회는 '사회적 자본'을 구축하는 역할을 해야 합니다. 그리고 동반성장에 대한 '국민의 확신'을 이끌어내야 합니다. 시사경제 용어 사전에서는 사회적 자본을 "대체로 사회 구성원들이 힘을 합쳐 공동 목표를 효율적으로 추구할 수 있게 하는 자본, 즉 사람과 사람 사이의 협력과 사회적 거래를 촉진시키는 일체의 신뢰·규범 등 사회적 자산을 포괄하여 말한다"고 정의되어 있습니다. 다시 말해서 사회구성원들이 공유하는 기준^{norm}·규칙^{rule}·신뢰와 같은 사회 공동의 무형자산을 말합니다.

그래서 사회적 자본을 구축하는 것은, 구성원의 이해관계가 첨예하게 대립하는 중요한 국가적 현안을 정부의 힘에 의한 강제가 아니라 합리적 사고와 신뢰에 의해 결정할 수 있는 '사회적 풍토'를 마련하는 것을 말합니다.

사회적 자본은 실물자본이나 인적자본처럼 우리 경제의 지속적 발전과 사회 통합을 위해 매우 중요한 자산입니다. 사회적 자본도 투자를 해야 커질 수 있습니다. 사회적 자본의 구축은 국가의 번영을 위해 무엇을 선택하고 무엇을 버려야 하는가, 무엇을 희생하고 무엇을 키워야 하는가를 결정하는 것과 같습니다.

사회적 자본이 풍부하게 축적되면 이해관계가 충돌할 때 주어진 룰에 따라 직접 그것을 조정할 수 있기 때문에 경제의 효율성이 높아집니다. 구성원 간의 신뢰가 두터워져 정보 공유가 쉬워지고 공동체의 정체성 또한 더 많이 확보됩니다. 사회의 효용 체계도 자신과 가족만을 생각하는 편협한 선호 체계에서 공동체와 사회의 이익을 함께 고려하는 개방된 선호 체계로 바뀔 수 있습니다.

그 결과는 자명합니다. 사회 통합을 위한 제도적 장치를 구축하기가 한층 수월해지고, 그러한 제도적 장치를 활용하면 글로벌 시대 무한경쟁의 부작용도 최소화할 수 있습니다. 룰에 따른 공정한 경쟁과 경쟁 탈락자에 대한 배려가 보다 체계적으로 보장될 수 있습니다.

그래서 궁극적으로는 미래에 대한 불확실성도 줄어들어 지나친 위험기피 문제도 많이 해결될 수 있으며, 인적자본과 기술 축적도 더욱 촉진될 수 있습니다.

지도자의 리더십과 동반성장에 대한 확신 중요

대·중소기업 간 동반성장은 세대간·계층간·도농간·지역간 불균형과 양극화를 해소하기 위해서 필요합니다. 동반성장은 이제 피할 수 없는 시대의 과제가 되었습니다. 우리 국민 모두 현실의 변화를 직시해야 합니다. 왜 동반성장이 시대의 화두가 될 수밖에 없는지 곰곰이 생각해야 합니다.

무엇보다도 지도자의 리더십이 중요합니다. 지도자는 먼저 장기적으로 모두에게 이익이 되는 길이 무엇인지 큰 그림과 비전을 명확히 보여주고, 국민의 동의와 지지를 얻어야 합니다.

지도자는 기업가 정신이 충만한 경제entrepreneurial economy를 건설하여 투자를 활성화시키고, 양극화 문제를 해소하며, 경제의 선순환과 사회통 합을 위해 끊임없이 노력해야 합니다. 그리고 그러한 문제 해결의 근본 전제인 사회적 자본을 축적하기 위해 노력해야 합니다.

지도자는 규칙에 대한 사회 구성원들의 신뢰를 쌓고 확산시켜야 합니다. 사회적 합의를 위반하여 부당한 이득을 취하려는 기회주의자가 있다면 단호하게 페널티를 부과해야 합니다. 윈윈 구도에서 이탈하는 것이 결코 이득이 되지 않는다는 믿음을 주어야 합니다.

지금 한국 경제는 매우 어려운 문제들과 마주하고 있습니다. 쾌도난마식으로 모든 문제를 단칼에 해결할 방법은 보이지 않습니다. 그러나 아무리 보잘것없어 보이는 노력이라도 소홀히 하지 않고 꾸준히 해나간다면 조금씩 문제를 해결해 나갈 수 있습니다.

우리는 지금까지 수많은 어려움을 극복해 왔습니다. 그리고 한 걸음씩 전진해 왔습니다. 동족간 전쟁도 겪었고 그 극심한 보릿고개도 넘었습니다. 사회 갈등이 극심했던 80년대를 넘어 세계 속의 한국으로 성장해 왔습니다.

은근과 끈기, 붉은 악마로 대표되는 한국인의 단결력과 열정이 있었기에 가능한 일이었습니다. '우리는 할 수 있다'는 신념이 있었기에 가능한 일이었습니다.

지금 우리는 극심한 양극화의 한가운데 서 있습니다. 그 어렵던 시절보다, 사회 갈등이 극에 달했던 시절보다 지금이 더 위험합니다. 결코 쉽게 해결될 것 같지가 않습니다. 동반성장이 더욱 절실합니다.

동반성장할 수 있다는 확신, 양극화를 확대하는 성장이 아니라 양극화를 완화하고 해소하는 성장이 가능하다는 사회적 공감대를 형성하는 것이 가장 중요합니다.

지혜를 모아야 합니다. 갈등할 시간이 없습니다. 좌절할 시간도 없습니다. 다함께 성장할 수 있다는 믿음을 되찾아야 합니다. 국민들이 경제 주체의 한 사람으로서 성실히 일하면 충분히 잘 살 수 있다는 믿음을 가져야 합니다. 공정과 정의를 철학적 기반으로 하는 합리적 경제체제를 구축하기 위해 다함께 노력해야 합니다.

이 한 권의 책이 모든 것을 보여줄 수는 없지만, 동반성장이 현장에서 어떻게 이루어지는지 확인할 수 있는 기본 자료의 역할은 충분히 할 것이라고 생각하고, 이 책을 통해서 대기업뿐만 아니라 중견기업과 중소기업이 동반성장하는 방법을 찾을 수 있기를 기대합니다.

2012년 1월
동반성장위원장
정운찬

01

하이닉스반도체
장비 국산화를 위한 거침없는 도전

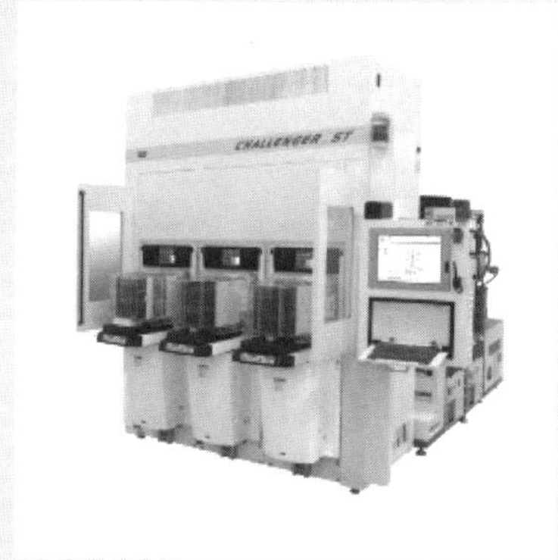

양사가 '윈윈' 할 수 있었던 이유는 뛰어난 기술을 바탕으로 시대 흐름과 기술에 맞게 새로운 패러다임을 제시한 테스의 창조적인 아이디어, 열악한 투자 환경 속에서도 살아남아 위기를 극복해야 한다는 하이닉스의 강한 도전정신, 그리고 장비 개조를 성공적으로 마무리한 테스와 하이닉스 현장 엔지니어들의 땀방울이 삼위일체가 되어 맺은 결실이다.

위기를 극복한 힘,
삼위일체

(주)테스는 반도체 장비를 개조하는 회사로 2002년 9월에 설립되었다. 외산 장비가 독주하던 당시로서는 생소한 비즈니스였지만, 국내 반도체 장비산업에 새로운 패러다임을 제시하며 등장했다.

하지만 몇 조, 몇천억 원 규모의 외산 장비회사들이 독과점 구조를 형성하고 있던 상황에서 새내기 장비업체가, 그것도 새로운 패러다임으로 사업에 성공하기란 참으로 많은 난관이 존재했다.

이때 구원자처럼 나선 회사가 하이닉스이다. 당시 반도체 경기는 2001년 불황을 기점으로 점차 회복되고 있는 시점이었다. 때문에 설비투자 증대를 통한 경쟁력 강화가 필수였지만, 하이닉스로서는 투자 여력이 매우 부족한 상황이었다. 이러한 시점에, 신생 벤처기업이 유휴설비를 개조하여 양산 적용이 가능한 장비로 탈바꿈시켜 준다는 제안은 무척 매력적인 것이어서 받아들이지 않을 수 없었다.

테스와 하이닉스의 공생은 2003년부터 본격적으로 시작되었다. 테스는 우선 8인치(200mm Wafer) 생산 공정 기술이 크게 변화되면서 더 이상 쓸모가 없게 된 유휴장비를 새로운 기술에 맞도록 모든 공정의 핵심 장비를 개조해서 고객인 하이닉스에 제공했다.

장비 개조에 성공하면 원가절감, 생산성 향상이라는 두 마리 토끼를 잡을 수 있을 것이라는 하이닉스의 전략은 적중했다. 덕분에 고객인 하이닉스는 값비싼 외산 장비 구매를 최소화할 수 있었고, 도태되어 폐기해야 하는 장비를 개조해 사용함으로써 이중의 비용 절감이 가능해졌다. 신생 벤처기업인 테스의 입장에서도 기술력을 바탕으로 생소한 비즈니스였던 장비 개조 사업을 빠르게 확장할 수 있는 계기가 되었다.

이렇게 양사가 '원윈' 할 수 있었던 이유는 뛰어난 기술을 바탕으로 시대 흐름과 기술에 맞게 새로운 패러다임을 제시한 테스의 창조적인 아이디어, 열악한 투자 환경 속에서도 살아남아 위기를 극복해야 한다는 하이닉스의 강한 도전정신, 그리고 장비 개조를 성공적으로 마무리한 테스와 하이닉스 현장 엔지니어들의 땀방울이 삼위일체가 되어 맺은 결실이다.

(주)테스와 전공정
핵심 장비 국산화 추진

2000년대 초 IT 산업의 거품 붕괴와 PC 수요 위축으로 수렁에 빠졌던 반도체 산업은 2000년대 중반부터 불기 시작한 모바일 수요 확대와 그에 따라 애플리케이션이 다양화되며 다시 시장이 확대되기 시작했다.

그러자, 세계 반도체 소자업체들은 생산성이 월등히 높은 12인치 웨이퍼 생산라인을 갖추면서 생산능력을 확대하고 신규 FAB 건설을 경쟁적으로 늘려 나갔다.

이때 국내 반도체 소자업체인 하이닉스는 중장기적인 경쟁력 향상과 국내 반도체 산업의 기반이라 할 수 있는 장비산업의 도약을 위하여 12인치 제조 공정에 투입되는 장비를 국산화하기 위해 심혈을 기울였다. 당시 한국과 경쟁 관계에 있던 미국과 일본에서는 반도체 소자업체 말고도 기반산업인 장비·재료 분야에서 세계적 경쟁력을 갖춘 글로벌 기업들이 고객인 소자업체의 경쟁력을 높이기 위해 끊임없이 노력하던 상황이었다.

특히 설비투자의 핵심이라 할 수 있는 전공정 장비는 외산 장비 점유율이 90%가 넘어서 국산화가 더욱 시급했다. 외산 장비에 의존하는 상황에서는 반도체를 수출해서 번 돈이 모두 외국 장비회사로 다시 유출되는 아이러니한 구조를 탈피할 수 없었기 때문이다.

하지만 2000년대 초·중반만 하더라도 국내 반도체 장비 업체들이 국산화를 통해 시장진입을 하기는 쉽지 않았다. 경험 있는 엔지니어도 부족했고, 장비가 운영되는 양산 공정의 정보 없이는 설령 개발에 성공했다 하더라도 적용하기까지는 많은 난관이 있었기 때문이다.

이러한 시기에 하이닉스는 장비개조사업을 통해 기술력과 빠른 대응력, 성장잠재력을 확인한 테스와 본격적으로 전공정 핵심 장비 공동 개발에 들어가 국산화를 추진하기 시작했다.

하이닉스의 판단은 옳았다. 어려운 시기를 함께 극복하고 소자 업체와 장비업체가 윈윈 할 수 있다는 개념에서 출발한 국산화 작업은 양사 경영진의 굳건한 의지와 현장 엔지니어들 및 연구진들의 노력으로 서서히 그 윤곽을 드러내기 시작했다.

2005년 4월, 양사는 상생협력을 통한 첫 번째 결실로 전공정 핵심 장비인 PECVD 국산화에 마침내 성공했다. 이 장비는 2005년 9월부터 하이닉스 반도체 양산 라인에 적용되기 시작했는데, 12인치(300mm) 웨이퍼용 반도체 장비로는 국산화에 성공한 첫 제품이다.

이어 공정미세화에 반드시 필요한 장비로 새롭게 부각되고 있던 PECVD ACL 장비의 국산화에도 도전했다. 이 장비는 반도체 제조기술이 발달함에 따라 사용폭이 빠르게 확대되던 공정 장비로 100% 외산 장비에 의존하고 있던 터였다.

협력사의 발전은
하이닉스 경쟁력 향상의 밑천

2008년 10월 대한민국 반도체 역사에 작지만 큰 의미가 있는 행사가 열렸다. 하이닉스가 국내 장비·재료 분야 8개 협력사들에게 '상생협력 집중육성품목' 인증서를 수여한 것이다. 이 자리에서 테스는 박막증착 장비인 PECVD ACL을 성공적으로 개발하고 양산에 적용시킨 공로로 인증서를 받았다.

이 장비는 정부와 대한민국 소자업체인 하이닉스, 삼성전자, 동부하이텍 3사의 협력으로 양산에도 성공, 2010년에는 지식경제부가 지정하는 '세계일류상품'에 선정되었다.

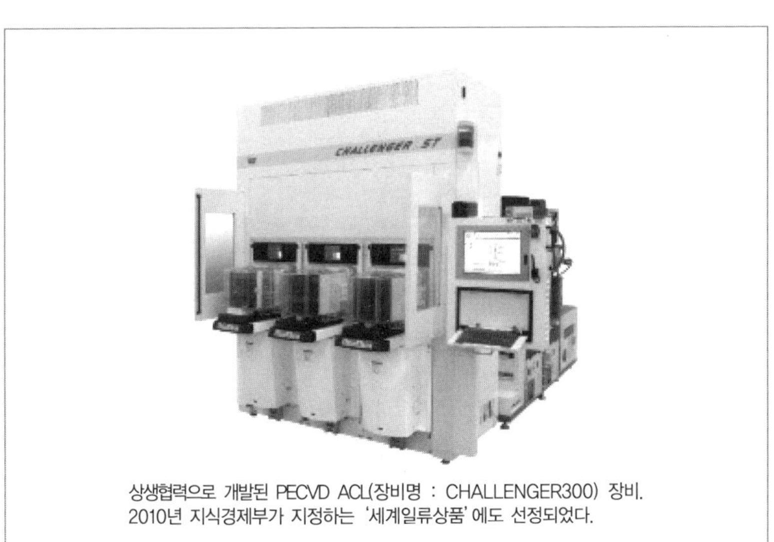

상생협력으로 개발된 PECVD ACL(장비명 : CHALLENGER300) 장비.
2010년 지식경제부가 지정하는 '세계일류상품'에도 선정되었다.

　이러한 결실을 맺는 과정에서 하이닉스는 기술 로드맵 공유, 파트너스데이 등 실질적 상생협력을 지속함으로써 장비 업체들이 경쟁력 있는 장비를 개발하는 것은 물론 해외시장에도 진출할 수 있도록 도움을 주었다.

하이닉스, 협력사와
'상생협력 기술교류 협약식'

2009년 10월, 하이닉스는 테스를 비롯한 국내 장비·재료 협력회사 11개사와 '상생협력 기술교류 협약식'을 맺었다. 이에 따라 하이닉스는 협력사와 기술 로드맵을 공유하는 것은 물론 '기술교류회' 개최, '하이닉스 기술닥터제HTD : Hynix Technical Doctor'를 실시하게 되었다.

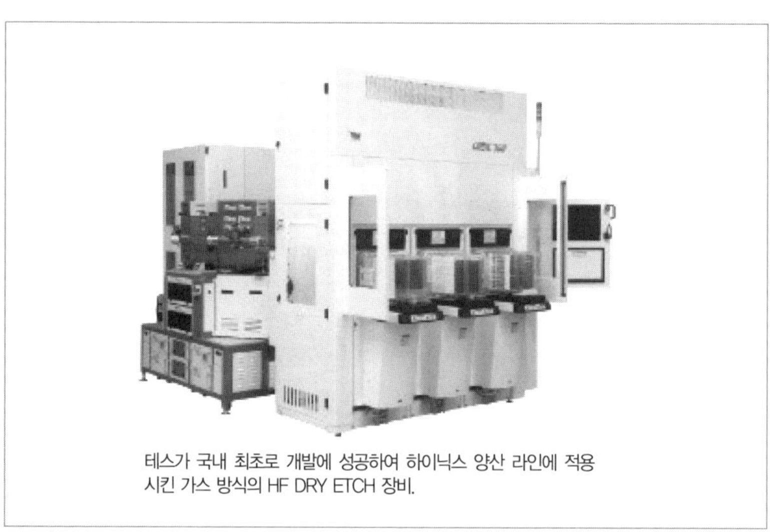

테스가 국내 최초로 개발에 성공하여 하이닉스 양산 라인에 적용시킨 가스 방식의 HF DRY ETCH 장비.

이를 통해 테스는 기술이 핵심인 IT 장비 산업에서 기술뿐 아니라 인력까지 지원받게 되면서 다시 한 번 도약할 수 있는 전기를 맞게 되었다. 정기적인 기술교류를 통해 장비 개발 과정에서 맞닥뜨리게 되는 기술적 어려움을 해결, 고객사인 하이닉스의 경쟁력 향상과 원가절감을 동시에 이끌어낸 것이다.

이러한 상생협력을 바탕으로 회사의 내적 역량을 강화한 테스는 2009년 국내 최초로 Gas Phase 방식의 Etching 장비인 HF Dry Etcher 개발에 성공했고, 이듬해인 2010년부터는 하이닉스의 양산 라인에 적용하기 시작했다.

이 장비는 특히 공정미세화 작업 때 반드시 갖춰야 할 장비로 40nx 이하 공정 단계부터 적용되는 최신 기술을 사용함으로써, 공정미세화 투자에 주력하던 하이닉스에게 커다란 원가절감 효과를 가져왔다. 그뿐 아니라 꾸준한 상생협력이 협력회사의 연구개발 능력 향상으로 이어져 소자업체에도 큰 도움이 된다는 사실을 다시 한 번 입증해 주었다.

입으로 말하지 않고 행동으로 실천한다

하이닉스는 이와 같은 맞춤형 기술 지원뿐 아니라 핵심 인재가 엄청난 기술혁신을 이끌어내는 IT 산업의 특성을 살려 인재육성 상생 아카데미 프로그램도 적극 실천하고 있다. 테스는 이러한 상생

아카데미 프로그램에 적극 참여, 인사제도를 개선함으로써 인적자원을 효율적으로 관리할 수 있는 역량을 키울 수 있었다.

하이닉스의 상생협력 정책은 단지 구호에 그치지 않고 행동으로 실천한다는 점에서 큰 의미가 있다. 이것은 협력회사들에게는 서로가 동반자라는 생각을 갖게 하고, 서로의 발전을 위해 끊임없이 혁신 활동을 하게 하는 원천이 된다. 이러한 혁신을 통한 상호 협력은 위기도 닥쳐도 함께 극복할 수 있는 동력을 제공한다.

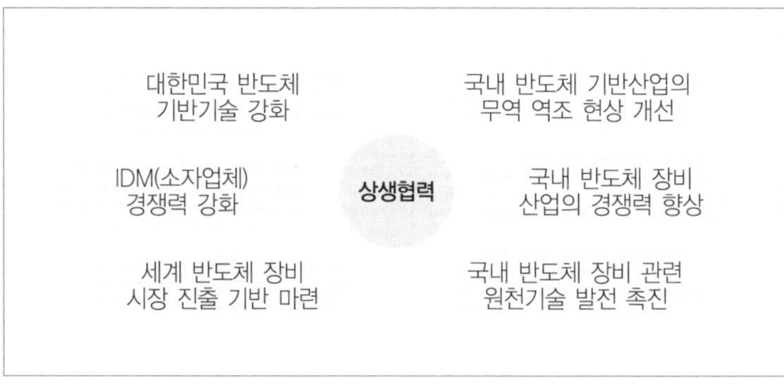

상생협력은 단기간에
이루어지는 것이 아니다

"많은 기업들이 상생협력을 이야기하고 실천합니다. 특히 자금지원, 경영컨설팅 등은 많은 기업들이 시행해 왔고 지금도 이어지고 있지만, 기술이 핵심인 IT 산업에서는 기술지원을 통한 상생협력만 한 게 없습니다. 기술지원은 협력회사의 근본 체질을 강화해 주어 경쟁력을 향상시키고, 궁극적으로는 협력을 지원하는 고객뿐 아니라 협력회사까지도 장기적으로 공유할 수 있다는 점에서 다른 지원과 다릅니다."

테스 허기녕 부사장의 말이다.

그런 점에서 하이닉스의 상생협력 정책은 협력회사와 하이닉스가 동반자로서 미래를 함께 준비하고, 함께 성장할 수 있는 토대를 마련한다는 점에서 아주 매력적이다.

하지만 국내 반도체 장비 업체들의 매출 규모가 대부분 1천억

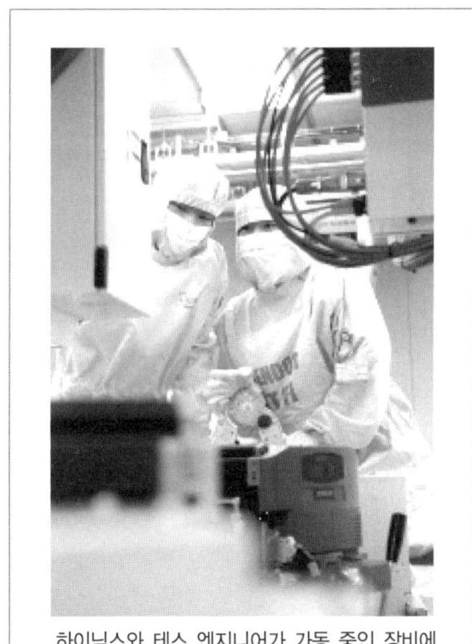

하이닉스와 테스 엔지니어가 가동 중인 장비에 대해 이야기하고 있다.

안팎이거나 그 미만인 반면 경쟁하는 외산 장비 업체들의 규모가 대부분 조 단위인 현실을 감안한다면, 후방 업체가 상생협력을 통해 큰 성공을 이루었다고 말하기에는 아직 아쉬운 점이 많다.

하지만 어려웠던 위기를 함께 극복하고 함께 발전해 왔으며 앞으로도 지속될 동반성장의 표본으로 손꼽을 수 있는 하이닉스와 테스와의 상생협력 사례는, 대한민국 반도체 산업에서 후방업체가 글로벌 경쟁력을 갖춘 세계적인 기업으로 성장할 수 있는 토대를 마련해 주었다는 점에서 높이 평가받아야 할 것이다.

몇 년 후 또는 몇십 년 후 대한민국 반도체 장비 업체가 반도체뿐 아니라 IT 기반산업인 장비 분야에서 세계시장을 선도하는 날이 하루빨리 오기를 기대한다.

동반성장은 더불어 살아가는 공동체적 가치를 실현하는 일

02

한국동서발전
중소기업 역량 강화로
부품 국산화

한국동서발전은 외국산 제품 1492개 품목 중 1차로 249개 과제를 선정해 중소기업과 더불어
230건을 국산화하는 데 성공했다. 그 결과 중소기업은 판로 개척과 매출 향상,
고용창출 등의 파급효과를, 동서발전은 외국산 자재의 국산화를 통해
구매 원가를 절감하는 효과를 톡톡히 보고 있다.

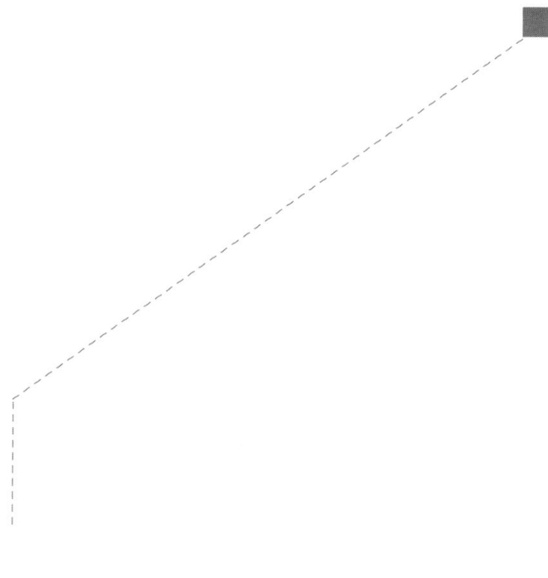

상생협력의
새로운 패러다임 구축

한국동서발전은 지난 2001년 한국전력공사에서 분리 발족한 6개 발전회사 중 하나로 연매출 4조 5천억 원, 전력생산 설비용량 8812MW로 국내 전력의 12%를 담당하는 전력회사다.

한국전력에서 분사할 당시 고원가 설비와 취약한 재무구조 등으로 인해 많은 어려움을 겪었으나 지속적인 혁신과 원가절감 노력을 통해 10년 전 1조 4000억 원이었던 매출이 2010년 약 4조 5000억 원으로 3배 이상 신장, 2010년에는 창사 이래 최대 순이익 2400억 원을 기록했다.

한국동서발전은 여타 공기업에 비해 중소기업과의 동반성장에 적극적이고 열정적이다. 중소기업 전담 지원 체계를 갖추고 지속적으로 조직을 유지해 오고 있는 유일한 발전회사라는 점에서 이 점은 잘 드러난다. 중소기업과의 상생협력을 위하여 2004년 중소기업팀에서 출발하여 2008년에는 상생R&D팀, 2010년에는 동반성장센터로 조직을 확대해 왔다.

또한 중소기업의 물품 구매와 생산설비 지원 등 일방적인 지원에서 벗어나 중소기업이 스스로 성장할 수 있도록 지원을 아끼지 않고 있다. 특히 외국산 자재의 국산화를 위해 공동연구 과제를 발굴하고 참여를 유도함으로써 많은 중소기업이 성장할 수 있는 발판을 마련한 일은 대기업과 중소기업 간의 상생 방향을 제시한 의미 있는 사업이라 할 것이다.

그에 힘입어 협력사인 삼진금속은 가스터빈용 로터 Through & Couplig Bolt를, 터보파워텍은 인터스테이지 씰을, 유원테크는 발전터빈 핵심 부품을 국산화하는 데 성공할 수 있었다.

한국동서발전의 동반성장 모델은 공기업 중 최초로 중소기업학회와 공동으로 국내 중소기업을 육성하기 위한 철학을 정립하면서 시작되었다. 단순히 중소기업 제품을 많이 구매하는 것이 중소기업을 지원하는 것이라고 생각했던 그동안의 개념을 바꾼 것이다. 이를 통해 일찍이 2008년 지속가능한 발전산업의 상생협력에 대한 '새로운 패러다임'을 구축함으로써 공공기관이 중소기업과 나아가야 할 방향을 명확히 했다.

한국동서발전이 동반성장을 위해 가장 먼저 추진한 일은 중소기

업의 애로사항과 요구를 파악하는 중소기업협의회를 구성한 것이
다. 2008년 공기업 최초로 구성된 중소기업협의회는 초기에 64개
기업으로 시작했으나 2011년 현재 96개 기업으로 확대되었고, 월 1
회 모임과 분기 1회 임원회의 그리고 반기 1회 전체 회원들이 참여
하는 1박2일 세미나를 진행함으로써 중소기업들에게 정보교류 기
회를 제공하고 있다. 동종 및 이종 기업들 간의 모임을 통해 상대
기업의 장단점을 벤치마킹하고, 새로 개발된 제품에 대해서는 서
로 고객이 되는 협력 관계로 발전하고 있다.

뿐만 아니라 2010년부터는 2·3차 기업을 육성하기 위해 새로운
기업을 발굴하고 있으며, 2011년에는 2·3차 기업의 생산성 향상을
위해 '생산성 혁신 파트너십' 프로젝트를 대·중소기업 협력재단
과 함께 진행하기도 했다.

삼진금속, 가스터빈용 로터
부품 국산화 성공

국내 중소기업들 중에는 수십 년간 회사를 경영해 왔어도 매출이
제자리걸음을 면치 못하는 기업들이 많다. 자신들이 갖고 있는 기
술력을 제대로 활용하지 못하거나 방법을 모르기 때문이다. 한국
동서발전은 이러한 기업을 육성하기 위해 외국산 기자재를 국산화
하기 위한 노력을 기울여 왔다. 대표적인 사례가 삼진금속이다.

1981년에 설립된 삼진금속은 볼트만 전문적으로 생산하는 기업
이었다. 하지만 국내 시장에 접근하기가 어려워 고전을 면치 못하
고 있었다. 국내 제품의 경우 신뢰성이 입증되지 않아서 대기업이
나 공공기관이 가스터빈용 볼트를 전량 외국산 자재에 의존하고
있었기 때문이다.

한국동서발전은 삼진금속을 발굴하고, 이를 육성하기 위해 개
발품 대량생산 시스템을 구축하는 한편 경영혁신 지원 사업을 추
진했다.

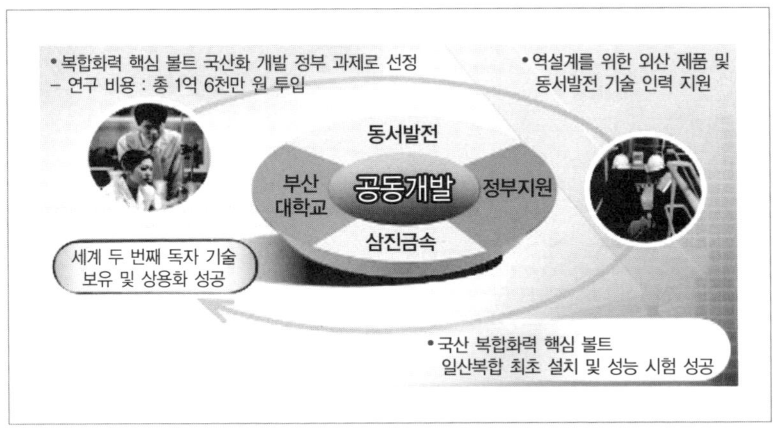

먼저 삼진금속을 방문하여 애로사항을 들은 결과 생산시설이 부
족하다는 것을 알게 된 한국동서발전은 신제품 대량생산을 위한 생
산시설 도입 자금 3000만 원을 지원하고, 복합화력 핵심 볼트 연구
개발 사업을 함께 진행하기로 했다. 그래도 부족한 부분은 한국동

서발전이 경영·기술 컨설팅 지원을 통해 자금을 조달했으며, 해외 생산시스템 벤치마킹을 위해 도요다 연수를 지원했다. 또한 정보화 기반을 구축하고, 개발한 기술의 특허출원 비용을 지원해 주었다.

당시 발전설비의 핵심부인 가스터빈은 첨단기술을 요하는 것이어서 아쉽게도 관련 기술은 몇몇 선진국의 초일류 기업이 독점하고 있었다. 이에 동서발전은 국내 독자 기술 확보와 원활한 전력 공급 차원에서 30년 볼트 제작 경력을 가진 삼진금속과 공동으로 수입의존도 100%인 가스터빈용 로터 Through & Coupling Bolt 국산화에 착수했다.

그러나 개발 초기, 가스터빈용 로터 Through & Coupling Bolt에 대한 자료와 데이터를 확보하는 것부터 난관에 부딪혔다. 이에 외국 업체의 제품을 입수, 역설계 방식에 의거해 데이터를 수집·분석해 가면서 기초 자료를 확보해 나갔다. 그리고 이를 운영상의 데이터와 비교 분석하여 제품 자체가 가져야 할 정교하고 세밀한 특성들을 파악, 제품에 적용했다. 그 후 시험 제작에 들어갔고, 몇 번의 시행착오 끝에 마침내 제조 과정상의 기술을 확보할 수 있었다.

시제품의 현장 테스트는 한국동서발전 산하 일산 열병합발전소에서 진행되었는데, 시험 장착을 하고 운용 테스트를 한 결과 제작상의 문제가 없음이 입증되었다.

그 과정에서 한국동서발전은 시제품을 현장에 설치하고 그 신뢰성을 입증하는 데 큰 역할을 했다. 신뢰성이 입증되지 않은 제품을 수백억 원에 달하는 장비에 장착하여 문제가 생긴다면 전력 생산은 물론 커다란 손실이 초래된다며 모두 반대했지만, 삼진금속의 기술력을 믿고 설치함으로써 신뢰성을 입증했던 것이다. 해외에서 전량 수입하던 가스터빈용 로터 Through & Couplig Bolt의 국산화에 마침내 성공한 것이다. 한국동서발전·중소기업청·부산대학교가 협력해 세계에서 두 번째로 개발에 성공한 쾌거였다. 이로써 수입 가격의 50%로 국내 전체 발전소에 적용, 약 200억 원의 발전 원가를 절감하는 성과를 거둘 수 있었다.

우리나라의 복합화력 핵심 볼트 개발이 성공한 사실을 알게 된 일본의 M사가 삼진금속을 직접 방문해서 한국 시장을 포기할 경우 해외 수출을 지원하겠다고 회유했으나, 이미 해외시장 개척을 통해 자신감을 얻은 삼진금속은 이를 거절하고 독자적으로 시장을 개척해 나가고 있다.

한국동서발전과 삼진금속의 노력으로 제품 개발이 완료되기는 했지만 해외 판로를 개척하는 일은 쉽지 않았다. 개발한 기업의 규모가 작은 데다 해외 수출 실적과 현지 영업망이 없었기 때문이다.

다행히 한국동서발전이 구매하여 사용한 실적과 한국전력에서 운영하는 필리핀 일리한 발전소에 수출한 실적을 바탕으로 해외 시장을 개척할 수 있었다.

그럼에도 해외 마케팅은 쉬운 일이 아니었다. 해외 기업에서 해당 제품의 자료를 요구할 때 대처할 방법이 없어 곤란을 겪었던 것이다. 하지만 이 역시 해외시개단과 전시회에 통역을 제공하고 영문 카탈로그 및 홍보 동영상, 그리고 KOTRA와 연계한 해외시장 정보 제공 등으로 점차 영업 능력을 키워 나가고 있다.

터보파워텍,
인터스테이지 씰 국산화 성공

1979년에 창립된 터보파워텍은 발전터빈 부품 및 다이아프램 Diaphragm 전문 제작 회사로, 특수합금 소재를 주로 연구·개발하는 기업이다. 우수기술제조기업 및 세계일류상품, ISO 9001, ISO 14001 인증을 획득한 부품소재 전문기업이지만 처음부터 고속성장한 것은 아니었다. 한국동서발전과 발전 분야의 기자재 연구개발을 통한 결실을 바탕으로 국내 시장은 물론 해외로까지 판로를 확장한 것이다.

울산복합발전소를 비롯해 총 12호기의 발전설비를 설치한 한국동서발전은 가스터빈에 사용되는 인터스테이지 씰 역시 전량 고가의 외제품을 사용하고 있었다. 그러다 보니 부품 조달에 어려움이 많았다. 가장 큰 문제는 제품을 구매하려고 해도 계약에서 납품까지 1년가량 걸린다는 것이었다. 만일 부품 수급에 문제라도 생긴다면 전력 생산에 크나큰 지장을 초래하리라는 것은 불을 보듯 뻔했다.

따라서 납품 기간을 단축하고 예비 부품을 확보하기 위해서도 국산화 개발이 시급했다. 한국동서발전은 기회가 있을 때마다 중소기업들을 대상으로 기술개발에 참여할 업체를 발굴하기 위한 설명회를

인터스테이지 씰

개최했는데, 31년간 특수합금소재와 터빈 부품 기술 개발이라는 한 길을 걸어온 터보파워텍이 마침내 파트너로 선정되었다. 동서발전은 터보파워텍에 인터스테이지 씰의 국산화 개발에 참여할 것을 제안했다. 터보파워텍 역시 개발 의지가 남달랐던 만큼 새로운 기술을 개발할 수 있는 좋은 기회라고 생각했다.

가스터빈은 고온의 가스로 가동되기 때문에 여기에 사용되는 부품들 역시 운전 가능한 온도 조건이 높아서, 약 540℃의 고열과 압력을 견뎌낼 수 있도록 제작해야 한다. 터보파워텍이 개발한 인터스테이지 씰은 세계 최초로 원심주조 방식을 도입하는 등 제조 방식부터 달랐다. 이 공법은 공정 단축으로 제작 기간을 단축시켰을 뿐만 아니라 원가절감과 품질향상 등 다양한 성과를 낳았다.

원심주조 방식은 제작 기간이 1개월이면 충분한 반면, 해외 경쟁업체들의 작업 방식은 12~14개월이 걸려 터보파워텍은 가격경쟁력도 갖추게 되었다.

게다가 품질도 좋아졌다. 외국산 기자재 대비 원심 변형량이 0.99mm 감소한 것이다. 하지만 변형량을 좋게 하기 위한 개발이 처음부터 쉬웠던 것은 아니었다. 처음 시도하는 일인 만큼 시행착오도 많았다.

인터스테이지 씰은 여러 개의 소재를 조립해서 만들기 때문에 그 과정에서 메인 소재의 열처리를 최소로 하는 최적 열처리 과정이 문제였다. 하지만 이 문제 역시 한국동서발전과의 협력으로 해결할 수 있었다. 한국동서발전 출신 터빈 전문가의 자문을 받아 보완한 것이다. 그러다 보니 사용자 입장에서 설비를 운영해 본 경험도 반영할 수 있어 열처리 과정에서 생길 수 있는 착오를 막을 수 있었다.

더욱이 한국동서발전과 터보파워텍은 개발 단계부터 공동으로 기술정보를 공유하는 것은 물론, 마지막 검증 단계까지 단계별로 신뢰성을 입증할 수 있었던 까닭에 설치하고 시운전도 해볼 수 있었다. 한국동서발전의 단계별 검증은 곧 국내 및 해외의 어떤 발전설비에 설치해도 운전이 가능하다는 일종의 보증서가 되었다.

이처럼 인터스테이지 씰의 국산화에 성공함으로써 터보파워텍은 과거 지멘스와 미쓰비씨밖에 만들지 못했던 원천기술을 세계에서 세 번째로 보유하는 기업이 되었다. 자체 기술로 제작부터 생산까지 할 수 있게 되면서 외국 업체와 어깨를 나란히 할 수 있게 된 것은 큰 성과였다.

터보파워텍은 인터스테이지 씰 개발 공로를 인정받아 2008년 신기술실용화촉진대회에서 대통령 표창을 받은 것을 비롯해 지식경제부가 인정하는 세계일류상품에 선정되고, 우수자본재개발 은탑산업훈장을 수상하기도 했다.

우수한 기술력이 있는 중소기업이 고부가가치를 창출할 수 있도록 지원한 한국동서발전의 중소기업 지원제도가 거둔 쾌거였다. 사용자와 제조사 사이의 활발한 기술정보 교류와 그동안 축적된

기술 노하우와 기술력, 그리고 체계적인 맞춤형 지원이라는 삼박
자가 잘 맞아떨어진 결과이다.

유원테크,
발전터빈 핵심 부품 국산화

1999년 11월에 설립된 유원테크는 초정밀 가공을 요하는 발전터빈
부품과 산업기계 부품을 전문적으로 생산하는 업체이다. 초창기에
는 핵심 기술력이 없어 기존 부품의 가공과 보수 위주의 사업에 집
중했지만, 현재는 한국동서발전을 포함한 발전 6개사와 두산중공
업에 부품을 공급하고 있을 뿐만 아니라 일본 도시바와 MHI에도
핵심 부품을 수출하는 기업으로 성장했다. 우수 인력을 적극 육성
하고 연구개발에 박차를 가해 국내 복합화력 터빈의 핵심 부품을
국산화하는 데 성공한 덕분이다.

이 역시 한국동서발전과의 지속적인 동반성장의 결과로, 품질
혁신과 기술개발을 최우선 과제로 추진한 결과 ISO 9001, ISO
14001 등의 품질인증을 받았으며, 부설연구소도 설립했다.

동서발전이 유원테크와 협력 관계를 맺게 된 것은 전량 수입에
의존하던 발전터빈 핵심 부품의 국산화가 절실하게 필요하던 시점
이었다. 수입 납기라든지 비용 면에서 애로사항이 많았고, 정비에
도 많은 시간이 걸려 국내 발전소의 경쟁력 강화나 원가절감을 위
해서 국산화는 더 이상 미룰 수 없는 과제였다.

한국동서발전이 지원한 기자재.

유원테크 역시 초창기에 생산설비와 기술력 부족으로 곤란을 겪고 있었다. 무엇보다도 국내에서는 한 번도 제작해 본 적이 없는 품목이어서 기술 노하우가 전혀 없다는 것이 가장 큰 약점이었다.

그러나 유원테크는 중소기업으로서는 파격적이라 할 만큼 연구인력을 투입해 원천기술을 확보하는 데 사활을 걸었다. 그 과정에서 한국동서발전은 도면과 데이터 등을 지원하는 등 협력을 아끼지 않았다. 아마도 그런 지원이 없었더라면 핵심 부품의 국산화는 불가능했을지도 모른다.

또한 생산설비 구매자금 3000만 원을 지원하고 생산성 및 기술력 향상 시스템을 구축할 수 있도록 도와주었다. 품질혁신을 바탕으로 ISO 인증 획득과 지적재산권 확보를 위한 특허 및 NET를 지원하는 등 단계적인 육성 정책을 펼친 것이다. 또 기술력 및 생산성 향상을 위해 부설연구소 설립을 지원하고, 국산화를 위한 다섯 건의 연구개발을 함께 진행했다.

그 결과 유원테크는 2008년 수출 유망 중소기업으로 지정되었으며, 2009년 상반기에는 수출 실적이 2900만 달러에 이르렀다.

유원테크는 그동안 미국에서 들여오던 발전터빈 핵심 부품을 국산화하는 데 마침내 성공, 지금은 일본과 미국, 인도에까지 역수출하고 있다. 일본에는 도시바 사의 아시아 지역 협력사 자격으로 부품을 수출하고 있다.

생산 자동화 전   생산 자동화 구축 후

이러한 적극적인 동반성장을 발판으로 유원테크는 매출이 급성장할 수 있었고, 한국동서발전 또한 전량 수입에 의존하던 제품 대신 국산 부품을 사용하게 되면서 구매 비용을 크게 절감할 수 있었다.

특히 유원테크는 한국동서발전에서 전수받은 생산성 향상 시스템을 2차 협력사에 전수하고, 2차 협력사를 국산화 연구개발에 공동으로 참여시킴으로써 함께 동반성장을 하는 모범을 보여주었다. 그 결과 2차 협력사도 한국동서발전에 기자재를 납품할 수 있게 된 것은 물론, 국내 전력 분야 시장에 진출해 성장을 거듭하고 있다.

외국산 자재 1492품목 중 230건 국산화 달성

그동안 한국동서발전은 외국산 제품 1492개 품목 중 1차로 249개 과제를 선정해 중소기업과 더불어 230건을 국산화하는 데 성공했다. 그 결과 중소기업은 판로 개척과 매출 향상, 고용창출 등의 파급효과를, 한국동서발전은 외국산 자재의 국산화를 통해 구매 원가를 절감하는 효과를 톡톡히 보고 있다.

한국동서발전은 한 발 더 나아가 자체 보유한 특허와 실용실안 등 산업재산권 35건을 중소기업에 유·무상으로 기술이전했다. 중소기업의 국산화 개발 R&D 지원 체계의 모범적인 모델이라 할 수 있다. 또한 기술과 인력, 장비가 부족한 중소기업이 시험 장비를 활용할 수 있도록 한국산업기술대 및 한동대와 산학협력 체계를 구축했다. 이와 같은 산학협력 시스템에 힘입어 중소기업은 연구개발에 대학의 전문인력과 고가 첨단장비를 이용할 수 있게 되어 기술개발을 앞당길 수 있게 되었다.

뿐만 아니라 한국동서발전은 새로 개발된 시제품을 직접 구매해 발전설비에 적용함으로써 중소기업 제품의 신뢰성을 입증해 주는 역할도 하고 있다. 최악의 경우 전력설비의 정지라는 위험을 감수하면서 중소기업 제품의 신뢰성 입증에 앞장선 것이다.

나아가 신뢰성이 입증된 제품은 국내 시장은 물론이고, 해외 바이어 초청 수출 상담회를 통해 제품의 우수성을 홍보하는 등 지원을 아끼지 않고 있다. 해외 판로 전략인 'Korea One-Stop System'을 구축하고 지난 3년간 22개국에 전시회와 시장개척단을 파견했는가 하면, 정부·KOTRA와 공동으로 세계시장 개척에 앞장서고 있다.

이러한 노력과 성과를 인정받아 한국동서발전은 지식경제부가 주관하는 '공공기관의 중소기업 지원평가'에서 2010년과 2011년 2년 연속으로 전력그룹사를 비롯해 14개 수익형 공기업 중 1위를 차지했다.

중소기업과 해외동반진출, 글로벌 기업 성장 돕는다

한국동서발전의 CEO와 임원진들도 중소기업과의 동반성장 문화를 정착시키기 위해 현장경영을 선언하는 등 상생경영을 실천하고 있다. 우수 협력 중소기업을 방문, 다양한 의견을 수렴해 중소기업 지원정책에 반영하는 것이다. 중소기업의 최대 애로사항 중 하나인 자체 개발 제품의 신뢰도 문제를 해결하기 위해서 전국의 사업소에서 '중소기업 자체 개발 시제품 현장 시범설치' 협약을 추진하기도 했다. 이를 통해 5개 사업소에서 8건의 현장 시범 설치를 한

것은 국내 공기업 중 최초로, 다른 공기업이 벤치마킹하는 대상이
되고 있다.

뿐만 아니라 동반성장 성공 모델 우수기업으로 선정된 30개 기
업을 대상으로 매년 2배 성장 프로젝트를 가동하여 기술 역량 향상
과 판로 확대 정책을 펼치고 있다.

또 발전소 현장에서 기업 담당자와 직접 제품 상담을 할 수 있도
록 사업소 담당자 75명과 중소기업 45개사가 1대1로 매칭되어 운
영하는 Tech-Friend 제도를 실시, 구매 확대에도 기여하고 있다.

나아가 한국동서발전은 협력사들과 해외 발전사업에 동반진출
하기 위해 노력하고 있다. 한국동서발전이 운영하고 건설하는 해
외 발전소에 국내 제품들로 구성된 발전소를 건설하고 운영함으로
써, 국내 기업이 글로벌 기업으로 성장할 수 있도록 돕는 것이다.

2011년 6월 현재 8개국 10개 사업 운영, 15개국 17개 사업 개발이
진행 중이며, 2020년에는 국내 설비의 60% 정도를 해외에 건설할
예정이다.

또한 전력기반기금을 활용해 국내 최초로 해외 수출 통합지원시
스템을 구축했다. 중소기업의 해외 판로 개척을 위해 동남아·중남
미·중동 등 2009년부터 2012년까지 3년간 22개국에 33억 원을 지
원할 계획이며, 국내 수출 유망 중소기업 100개사와 해외 바이어
1000명을 매칭해 중소기업의 해외 수출을 증대할 계획이다.

한편 한국동서발전은 미국·인도 등 해외 전시회에 발전 분야
중소기업의 우수 기술개발 제품을 출품, 2010년 1억 8000만 달러의

수출 계약을 달성하는 등 중소기업 해외 판로 개척 및 우리나라 자본재의 해외시장 판로 확대에도 크게 기여했다.

특히 세계적 전시회인 미국 Power-Gen International 전시회 현장에서 '절전형 하이브리드 변압기'를 iEnergy LLC 사와 2000만 달러에 계약한 것은 큰 성과라 할 것이다.

그런가 하면 동남아 3개국을 신흥시장으로 선정하고 필리핀 'SSH-TECH', 말레이시아 'TIMAD-ESC', 인도네시아 GPT 사 등과 공동으로 해외 현지법인을 설립하기도 했다.

이 같은 동반성장에 대해 한국동서발전 이길구 사장은 "발전사업자로의 세계 진출은 단순히 돈을 버는 것이 아니라 한국의 국가 브랜드를 세계에 알리고 전력 판매를 통해 국가 가치를 증대해 우리나라의 경제 영토를 확장할 수 있는 기회"라고 말한다. 일단 해외에서 발전사업을 하게 되면 사업 시작 단계부터 한국의 기자재, EPC Engineering, Procurement, Construction(플랜트에서의 설계 및 자금조달, 시공까지의 전 과정을 수주하는 것), 인력 수출, 그리고 운영 기간에 필요한 부품을 공급하게 되는 등 국가 경제에 폭넓은 영향을 미치기 때문에 대기업과 중소기업이 함께 세계시장에 진출할 수 있는 좋은 동반성장 모델이라는 것이다.

대표적인 공공기관인 한국동서발전의 동반성장을 위한 노력은 지금 이 시간에도 계속되고 있다.

동반성장은 양극화문제해결을 위한 중요한 열쇠

03

롯데마트
공동상품 개발과
해외동반진출

그 해답은 바로 서비스와 상품, 그리고 해외사업이었다. 전자의 둘은 유통업의 강점이요,
후자는 롯데마트의 핵심 역량이었다. 롯데마트는 여기에 착안, 이 둘을 접목해 협력사와 공동으로
상품을 개발하고, 해외 판로 개척을 지원함으로써 자연스럽게
해외동반진출을 모색하는 전략을 세웠다.

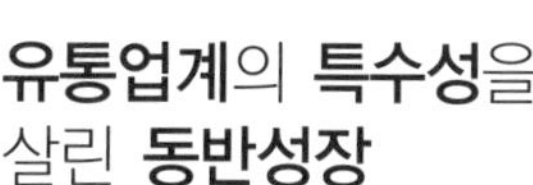

유통업계의 특수성을
살린 동반성장

다른 업종과 달리 유통업은 중소기업과 함께 공동으로 기술을 연구·개발하는 것이 아니고, R&D 투자를 통해 신기술을 개발하지도 않는다. 오로지 완성된 상품을 유통하는 것이 본업이다. 중소협력사 또한 그 범위나 규모, 업종 등이 다양하고 천차만별이어서 농어촌 등 식품 산지에서부터 가공식품, 생활용품, 의류·잡화에 이르기까지 2천여 곳에 이른다.

유통업의 이러한 독특한 경영 환경은 동반성장 추진 초기, 담당자들의 골머리를 적잖이 썩였다. 타 업종과는 다른 특수성 때문에 할 수 있는 것에 제약이 많았고, 모델로 쓸 만한 동반성장 프로그램

조차 찾기 힘들었기 때문이다. 이러한 난관을 뚫고 롯데마트가 유통업계의 동반성장을 성공적으로 수행할 수 있었던 것은 발상의 전환에서 시작되었다.

'그렇다면 유통업이기 때문에 잘 할 수 있는 것은 무엇일까?'

'다른 업종과 차별화되는, 유통업만이 가진 강점은 무엇일까?'

'유통업체들 중에서도 롯데마트만이 가진 차별화된 강점은 무엇일까?'

그 해답은 바로 서비스와 상품, 그리고 해외 사업이었다. 전자의 둘은 유통업의 강점이요, 후자는 롯데마트의 해김 역량이었다. 롯데마트는 여기에 착안, 이 둘을 접목해 협력사 입장에서의 소통 및 공동으로 상품을 개발하고, 해외 판로 개척을 지원함으로써 자연스럽게 글로벌 동반성장을 모색하는 전략을 세웠다.

중소협력사와의 소통 채널, 동반성장 사이트 개설

롯데마트는 먼저 중소협력사를 고객으로 정의하고, 이들 업체와 진실하고 지속가능한 소통을 할 수 있는 가장 효율적인 방안이 무엇인지 강구했다. 중소협력사의 업종과 규모가 다양한 만큼 요구 또한 다양할 것이라는 판단 아래, 50여 개의 중소협력사와 소통 채널 개발에 대해 허심탄회하게 의견을 나누었다.

"전화를 걸어 담당자와 연결되려면 최소 3~4통 전화를 해야 합니다.”

“자금을 보다 쉽게 신청하고 지원받았으면 좋겠습니다.”

“롯데마트는 중국에 많은 점포가 있는데, 거기에 입점하고 싶습니다.”

롯데마트는 이러한 협력사의 의견을 받아들여 동반성장 사이트(winwin.lottemart.com)를 개설했다. 동반성장 사이트 개설은 롯데마트가 일방적으로 이끌어가는 것이 아니라, 중소협력사 입장에서 소통을 통한 지속가능한 동반성장 체계를 구축해 나가기 위한 것이었다.

이러한 동반성장 사이트 운영은 수많은 협력사와 대면해야 하는 유통업의 특성상, 오프라인이 아닌 온라인에서 업무를 처리함으로써 보다 빠른 현장경영과 함께 투명성까지 강화할 수 있는 이중의 효과가 있었다. 또 온라인의 장점을 최대한 살려 최고경영자부터 실무를 담당하고 있는 현장 직원까지 전 직원이 모든 중소협력사와 지속적인 소통을 나눌 수 있는 ‘소통의 장’ 역할을 하고 있다.

2011년 12월 기준 롯데마트 동반성장 사이트에는 1100여 중소협력사가 회원으로 가입해 활동하고 있다. 자금지원, 교육 및 인력지원, 해외동반진출 접수 및 추진, 신상품 입점 및 판촉 상담, 롯데마트에 바란다, 칭찬/불만족 코너, 이의신청제도, 보복 및 불공정거래행위 신고제도 등 다양한 코너가 있다. 이를 통해 중소협력사들은 자신들이 필요로 하는 자금지원, 교육 신청, 원자재 지원, 경영 컨설팅, 특허비 지원, 해외동반진출 등을 신청하고, 또 지원받고 있다.

이처럼 롯데마트의 동반성장 사이트가 다른 기업의 사이트와 달리 활발하게 운영되는 데에는 롯데마트만의 노하우가 있다. 소통 채널은 만들기는 쉽지만 그것을 어떻게 운영하느냐에 따라 그 활성화 정도가 다르다. 따라서 고객의 소리를 여과 없이 받아들이고 이를 개선해 나가는 기업 문화와 최고경영자의 의지가 무엇보다 성공의 핵심 요소이다.

다행히 롯데마트는 지난 2007년부터 전 직원의 소통 채널인 '장보기 사이트'를 운영해 왔다. 대표이사부터 직원에 이르기까지 접속해 현장의 소리를 가감 없이 듣고 소통하며 개선하는 사이트로, 매월 2000여 건에 달하는 게시물을 접수하고 처리했다. 이 사이트를 확대 발전시킨 것이 바로 동반성장 사이트인 만큼 시작부터 성공의 절반은 예견된 셈이다. 이로 인해 롯데마트는 2011년 3년 연속 한국아이디어경영대상 기업부문 대상 및 최고경영자상을 받는 성과를 올리기도 했다.

중소협력사와 글로벌 동반성장

롯데마트는 2011년 12월 기준 중국 94점, 인도네시아 28점, 베트남 2점 등 모두 124점의 해외 점포를 운영하고 있다. 2018년에는 글로벌 1000호점을 열 계획이다. 이를 통해 2010년 이미 22억 원, 5600종의 한국 상품이 롯데마트와 함께 해외로 진출했으며, 2011년에는 20개 이상의 중소협력사가 그 대열에 합류했다.

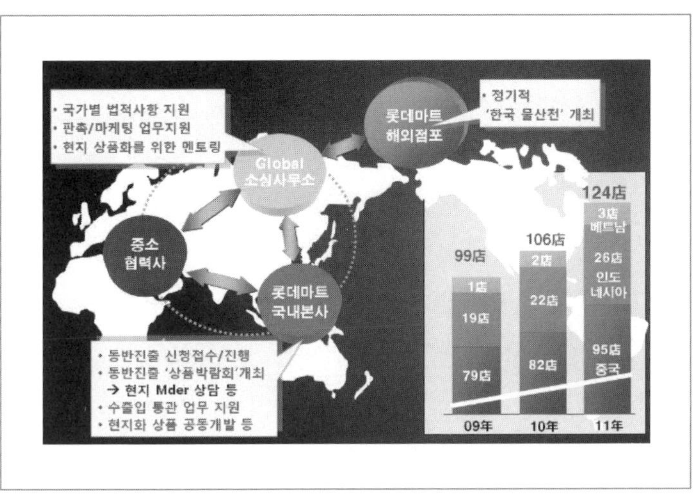

롯데마트의 중소기업 해외 판로 개척을 위한 동반진출은 다른 기업과 사뭇 다른 점이 있다. 중소기업의 해외동반진출을 지원하기 위한 2대 전략을 수립하고 전개해 나가고 있다는 점이다.

우선 국내 생산시설을 기반으로 한 중소기업의 해외 판로 개척을 돕는 것이 하나의 축이다. 해외시장에서 충분히 경쟁할 수 있는 상품을 생산하고 있음에도 불구하고 정보 부족, 판로 확보의 어려움, 수출입 통관 절차에 대한 지식 부족 등으로 인해 해외진출에 어려움을 겪고 있는 중소기업에 대해 맞춤형 지원을 하는 것이다.

이를 위해 롯데마트는 중소협력사에게 해외시장에 대한 정보와 해외시장에서 상품을 판매하는 데 필요한 서류 및 품질 표시에 이르기까지 하나하나 세심하게 컨설팅을 해주고 있다. 중소기업 상품의 성공 가능성을 사전에 테스트 마케팅Test-Marketing하여 현지 고객의 반응과 상품의 보완 사항까지도 알려준다. 테스트 마케팅 또한 롯데마트가 무반품 매입하여 진행함으로써 중소기업으로부터 큰 호응을 얻고 있다.

따라서 일단 롯데마트와 해외동반진출을 한 중소기업은 수출 절차 및 방법에 대한 충분한 지식을 얻는 것은 물론이고 해외 시장 및 현지 고객에 대한 이해, 해외시장에서 성공하기 위한 상품의 보완 및 포지셔닝에 대한 값진 지식까지 얻을 수 있다.

또 하나의 축은 해외에 진출한 한국 기업이 현지에서 안정적으로 정착할 수 있도록 돕는 것이다. 어렵게 해외시장에 진출한 중소기업들의 현지 정착은 한국 중소기업이 해외시장에서 뿌리내리고 지속적으로 성장해 나가는 데 반드시 필요한 과제이기 때문이다.

이를 위해 롯데마트는 KOTRA와 연계하여 해외에 생산기반을 가지고 있는 한국 중소기업의 롯데마트 입점상담회 및 판촉전을 통해 입점 기회를 주고 있다. 2011년 10월 49개 한국 진출 기업이 참가한 칭다오 한국 상품 판촉전, 11월 일양약품 등 83개사가 참여한 상하이 입점상담회, 12월 ㈜대관 등 50개사가 참가한 항저우 한국 상품 판촉전, 12월 녹차원 등 11개사가 참가한 베트남 호치민 선물용품 판촉전 등 모두 네 차례 193개 중소기업을 대상으로 입점상담회 및 판촉전을 개최한 것이 그러한 작업의 일환이다. 이중 56개사가 롯데마트와 함께 입점 준비를 진행하고 있다.

이처럼 해외에서 성공할 수 있는 중소협력사 상품을 지원하기 위한 롯데마트의 노력은 치밀하다. 2011년 1월에는 해외진출을 희

망하는 116개 중소협력사의 신청을 받아 2~4월에 해외 현지 MD와
상품 상담을 진행했다. 이 자리에서 중국·인도네시아·베트남 현
지 MD가 참여해 해외동반진출에 대한 상담과 정보 제공이 이루어
졌다. 그 결과 녹차원과 성경식품, 크린랩 등의 10개 중소협력사가
해외동반진출 업체로 선발됐다.

한편 중소협력사와 손잡고 만든 공동개발상품PB도 롯데마트 매
장을 넘어 해외 유통 매장으로까지 진출하고 있다. 2011년 9월 장류
제조업체 진미식품과 공동개발한 고추장·된장이 미국 내 한인 마
켓으로 진출한 것이 좋은 사례다. 이는 롯데마트 매장이 없는 곳으
로도 중소기업의 판로를 확대했다는 점에서 각별한 의미가 있다.

제주도가 세계 7대 자연경관에 선정된 것을 계기로 제주감귤의

2011년 11월 단일 기업으로는 최대 규모로 열린 중국 판로 개척 상품 품평회.
150개 중소기업이 참여했다.

세계화와 안정적인 해외 판로 확보를 위해 지난해 11월 직접 제주 농가에서 감귤 물량을 확보해 인도네시아·베트남 롯데마트 매장에서 판매하기 시작했다. 이는 농가 수익을 증대할 수 있는 새로운 판로 개척이라는 점에서 의미가 크다. 12월까지 50톤의 제주감귤을 판매한 데 이어 내년에는 판매 규모를 200톤으로 확대할 계획이다.

이를 계기로 롯데마트는 중소협력사와 해외동반진출에 더욱 박차를 가하고 있다. 실제로 롯데마트는 중소기업의 해외진출을 적극 돕기 위해 베트남을 비롯한 아시아관 내 식품매장에 한국 상품 존Zone을 운영하고, 정기적으로 '한국물산전'도 개최하고 있다. 다행히 지속적인 한류 바람으로 우리나라 상품에 대한 선호도가 꾸준히 높아지고 있어 현지 고객의 욕구를 철저히 파악한다면 동반진출 속

중국 롯데마트에 있는 한국 상품 존.

도가 더 빨라질 수 있을 것으로 보인다.

롯데마트가 이처럼 우수 중소협력사의 해외동반진출을 적극 지원하는 데는 중소협력사의 파이를 증대시킴으로써 글로벌 강소기업으로 성장할 수 있도록 도와주고, 이를 통해 롯데마트 또한 함께 성장할 수 있다는 확신 때문이다.

"협력사가 잘 되면 롯데마트도 함께 성장한다."

녹차원,
중국 · 베트남 진출

녹차원이 롯데마트와 인연을 맺은 것은 1997년 국제통화기금IMF 사태 직후다. 1998년 부도 어음 속출로 제조사는 납품을 꺼리고, 유통업체는 재고를 최소화하는 분위기였다. 자금난을 타개하고 시장 확대를 위해 판로 개척에 힘을 쏟고 있던 녹차원은 당시 대형 마트 사업을 본격화한 롯데마트와 인연을 맺으면서 위기를 극복할 수 있었다.

녹차원은 롯데마트의 자체상품PB 1호인 '와이즐렉 현미녹차'를 납품하는 등 13년 동안 거래를 해오면서 회사 규모가 4배 가까이 커졌다. 국민이 마시는 차의 잔 수를 생각하면 국내 시장이 한계에 이르렀다고 판단, 해외시장을 뚫기 위해 노력해 왔던 녹차원은 마침내 2011년 5월 롯데마트 중국 및 베트남 현지 점포에 입점하였다. 특히, 녹차원의 롯데마트 베트남 현지 점포 입점 효과는 상상을 초월했다. 현지 대형 마트들이 먼저 찾아와서 납품을 제안했던

것. 그동안 일일이 찾아다니면서 대형 슈퍼마켓을 잡는 것도 벅찼
는데, 순식간에 현지 대형 마트 수십 군데로 납품선을 넓힐 수 있었
다. 지금은 주변 국가인 캄보디아·태국·말레이시아 등지에서도
납품 문의가 들어와 판로 확대에 박차를 가하고 있다.

해외 롯데마트에 진열돼 있는 녹차원의 차.

녹차원은 해외 판로 확보에 힘입어 차 제품군을 대폭 늘리는 연
구·개발은 물론이고 대기업보다 더 나은 수준의 설비를 도입하기
위해 현재 100억 원대의 투자를 추진하고 있다.

유통업 동반성장의 핵심,
공동상품 개발 협력

롯데마트는 PB 상품에 중소협력사 브랜드를 공동 명기하여 중소기업의 브랜드를 널리 알리기 위한 MPB 상품 '롯데랑'과, 협력사와 아이디어를 공유함으로써 히트한 상품인 '손큰' 브랜드 상품 공동 개발 등 다른 대기업에서는 찾아보기 어려운 다양하고 실질적인 동반성장 프로그램을 운용하고 있다.

특히 중소협력사와의 동반성장을 위한 신개념의 MPB Manufacturing Private Brand 상품(중소기업 브랜드 공동 명기 상품)은 롯데마트만의 독자적인 동반성장 상징물이다. MPB 상품은 보통의 PB 상품들이 유통업체 단독 브랜드만 표기해 중소협력사 본연의 자기 브랜드가 약해질 수 있는 단점을 극복한 것으로, 중소협력사의 브랜드를 함께 표시한 상품이다. 중소협력사의 브랜드 자생력을 높여 중장기적 성장 기반을 마련하기 위한 것이다. 롯데마트는 2010년 486개의 MPB 상품을 출시해 490억 원의 매출을 올렸으며, 2011년에는 600개 상품, 700억 원의 매출로 규모가 확대됐다.

지난해 처음 선보여 고객들로부터 큰 인기를 얻고 있는 '손큰' 브랜드 상품 역시 롯데마트와 중소협력사 공동의 아이디어와 기술력을 기반으로 한 롯데마트의 동반성장

'손큰' 브랜드 상품.

롯데마트와 중소기업의 동반성장 상품인 손큰 브랜드 상품 홍보전.

철학이 담겨져 있는 대표적 동반성장 상품이다.

'손큰' 브랜드 상품은 이이디어를 공유할 뿐만 아니라 마케팅 리서치 지원, 상품 패키지 디자인 지원, 무이자 자금 지원 등 중소 협력사와 공동 개발한 상품을 히트 상품으로 육성하기 위해 다양한 지원을 하고 있다. 2011년에는 손큰 천일염, 손큰 만두, 손큰 유자차 등 여덟 개 품목을 공동 개발하여 200억 원의 매출 실적을 올렸다.

(주)듀아드,
브랜드 인지도 높여 **중국 진출**

(주)듀아드는 미세모 제작에서 국내 최고의 기술력을 지닌 기능성 칫솔 제조 중소기업이다. 뛰어난 기술력을 가지고 있었지만 브랜드 파워가 약해서 제대로 된 판로 개척이 어려웠던 듀아드가 롯데마트와 인연을 맺은 것은 지난 2001년.

당시 연매출 5억 원에 지나지 않았던 듀아드는 롯데마트와 7000만 원 상당의 규모로 첫 거래를 시작했다. 이후 롯데마트는 듀아드의 뛰어난 품질 경쟁력을 바탕으로 상품 공동 개발에 들어갔다.

해외 롯데마트에 진열된 듀아드의 칫솔.

그 결과 첫해인 2001년부터 듀아드의 브랜드를 전면에 내세운 MPB 상품 12품목을 공동 개발했다. 그 과정에서 정기적인 최고경영자 회의를 통해 공동상품 개발을 협의하는 것은 물론, 자금을 지원하고 마케팅 역량을 강화하기 위한 중장기적 지원을 아끼지 않았다.

또한 계열사인 롯데슈퍼와 편의점인 세븐일레븐으로까지 유통과 판로를 확대했으며, 2011년 7월에는 롯데마트와 함께 중국 시장에 진출한 데 이어 현재는 인도네시아와 베트남 진출을 꾀하고 있다.

그 결과 2010년 듀아드의 총매출은 100억, 그 중에서 롯데마트 매출만 60억 원인 기업으로 성장했으며, 해외에서도 그 품질을 인정받고 있어 앞으로 칫솔업계 최고의 기업으로 성장할 것으로 전망되고 있다.

(주)토토키드,
공동상품 개발과 자금지원

(주)토토키드는 아동의류를 전문으로 제작하는 중소기업이다. 우수한 품질 경쟁력을 지녔지만 브랜드 파워가 약해 판로 확대에 어려움을 겪고 있었다. 롯데마트가 토토키드와 거래하기 시작한 것은 지난 2002년, 아동의류 단품을 납품하면서부터였다. 이때까지만 해도 토토키드는 매출액 10억 원 규모의 작은 기업이었다.

그 후 롯데마트와 토토키드는 아이디어 협의 및 공동 마케팅을 통해 아동의류 브랜드 '토토해로스'를 런칭하였다. 그리고 2006년에 토토키드의 중·장기적인 성장을 고려해 '모노블랙'으로 브랜드명을 변경하고 고객 인지도를 높이기 위한 공동 마케팅에 들어갔다.

토토키드의 품질 경쟁력에 자신 있었던 롯데마트는 모노블랙의 판로 확대에 적극적이었다. 2005년 1월 롯데마트 중계점을 시작으로 43개의 매장으로 확대한 것. 대중적 인지도를 높이기 위한 마케팅 전략이었다.

한편 회사 규모의 급격한 확대에 따른 안정적 성장을 뒷받침하고 매출 증대와 함께 적정 마진을 확보할 수 있도록 정상 상품은 26.0%, 기획 상품은 17.0%를 적용하는 차등마진제도를 적용했다. 또 기획 상품의 사전 물량 확보 및 가격 협의, 공동상품 개발을 지속하면서 고객의 욕구나 매장 운영의 문제점, 개선 방안도 함께 논의함으로써 매출 활성화를 꾀했다.

롯데마트는 2011년 5월 '아동복 브랜드 모노블랙과 공동 개발한 모녀 원피스' 행사를 계기로 본격적인 상품 공동 개발에 들어갔는데, 이때 개발한 상품이 '모녀 커플 원피스·티셔츠'로 매입 수량은 3만 장, 매입액은 2억 5300만 원이었다.

첫 거래 후 후속 프로그램으로 '2011 F/W 다운/패딩점퍼'를 기획하면서 매입액의 31.3%를 선급금으로 지원, 원부자재 상승 시기에 선구매를 통한 원가절감 및 업체의 자금 안정성에 크게 기여했다. 또 비수기 생산을 통한 원가절감 및 생산성 안정화를 위해 6~7월 조기 작업을 유도했으며, 업체의 원활한 자금 흐름을 위해 8~9

월 조기 입고를 하도록 권유했다. 이때 거래된 다운점퍼/패딩점퍼의 매입 수량은 6만 7300PCS, 매입액은 12억 7900만 원이었으며, 2011년 6월에 4억 원을 선지급했다.

2012 S/S 프로그램 역시 일찌감치 작업을 진행해 불안정한 환율을 방어하고, 업체의 원부자재 구매와 생산 안정성에 기여했다. 또 이전 행사 때와 마찬가지로 비수기 생산을 통해 원가절감을 시도하는 한편, 총 매입 예정 규모의 87.4%를 선급금으로 지원하여 업체가 안정적으로 원부자재를 구매하고 공장의 공임을 현금으로 지급해 생산성 향상 및 원가절감에 기여했다. 5월 출시 상품이지만 1~2월에 조기 입고할 계획이다.

이 행사를 위해 주문한 품목은 여성 민소매티 5종 세트 30만 팩, 여성 원피스/냉장고티 6만 PCS, 아동 민소매티 3종 세트 10만 팩으로 총 매입 수량은 46만 장, 매입액은 30억 9100만 원에 이른다. 이를 위해 2011년 10월 매입액의 87.4%인 27억 원을 선지급했다.

이처럼 롯데마트가 토토키드와 함께 대량의 상품을 공동 기획, 개발하면서 매입 예정액의 30~87%에 해당하는 자금을 선지급, 협력사가 자금 압박 없이 생산에만 집중할 수 있도록 하여 롯데마트와 협력사가 함께 동반성장할 수 있었던 것은 큰 보람이었다.

토토키드는 거래 초 매입액 2억 5300만 원에서 시작하여 현재 매입 예정액 43억 7000만 원으로 매입액 규모가 19배나 신장되는 성과를 거뒀다. 또 2010년 105억 매출에서 2011년에는 150억 원으로 전년 대비 43%나 증가하는 괄목할 만한 성장을 했다. 세계 경제의 침체와 일본의 원전 피해로 인한 주문 감소 등으로 인해 대부분의 중소 의류업체들이 마이너스 성장을 하고 공장을 돌리기조차 힘든 상황에서 토토키드의 성장은 그야말로 놀랍다고 하지 않을 수 없다.

현재 토토키드는 롯데마트 내 아동의류 브랜드 3위로 발돋움, 어엿한 우수 중소기업으로 자리잡았다. 토토키드는 롯데마트뿐 아니라 세이백화점을 시작으로 세이브존, 뉴코아백화점 등 다른 유통업체로도 판로를 확대할 계획이다.

롯데마트와 토토키드는 향후에도 공동상품 개발을 통해 새로운 상품을 끊임없이 개발하면서 지속적인 교류를 유지하는 한편, 원가절감 요소를 찾아내고 자금지원 및 혁신상품 개발을 통해 서로 '윈윈' 해나갈 계획이다.

(주)세창씨엔씨
공동상품 개발과 공동마케팅

"시작은 미약하나 끝은 창대하리라"는 말도 있듯이, 현재 청소욕실 매장에서 밀대걸레, 휴지통, 다리미판, 욕실 선반, 변기 커버 등 거의 모든 분류의 상품을 운영하는 세창씨엔씨의 처음은 지금처럼 화려하지 않았다.

1997년 세창기업이라는 이름으로 창업한 세창씨엔씨는 비누케이스 등 욕실용품을 생산하는 연매출 7억 원의 작은 기업이었다. 이후 다리미판, 변기 시트, 청소용품 등 다양한 상품을 생산하면서 기존에 거래하고 있던 재래시장에서는 판매망을 확장해 나갔다.

하지만 현금 유동성 및 자금 압박을 받게 되자 이를 극복하기 위해 2000년부터 롯데마트와 거래를 하기 시작했다.

거래 초기였던 2001년에 2억 8400만 원이었던 거래액은 2010년 21억 6200만 원으로 8배 가까이 증가했다. 롯데마트가 전체 매출액의 30% 이상을 차지하는 가장 비중 높은 거래업체가 된 것이다. 이는 세창씨엔씨의 성장 밑거름이 되어 2010년에는 46억 원의 매출을 올리는 기업으로 성장했다.

세창씨엔씨 성공의 일등공신은 '싸이크린 청소기'라는 회전탈수걸레다. 대부분 중국에서 생산되는 기존의 회전탈수 청소기는 불량률이 높아 A/S 문제가 끊임없이 발생했지만, 대책이라고는 상품 교환 말고는 없었다. 이에 롯데마트의 담당 상품기획자는 밀대걸레 생산업체와 지속적인 간담회를 열어 품질 불량 문제를 해결할 수 있는 새로운 상품 개발에 착수했다.

그 결과 2010년 10월, 마침내 롯데마트는 세창씨엔씨와 문제점을 개선하고 사용자의 편의성을 높인 핸드타입의 상품을 개발할 수 있었다.

하지만 출시 1주일 전, 미세한 불량이 발견되었다. 어찌 보면 그냥 무시해도 상관없는 아주 사소한 불량이었다. 하지만 세창씨엔씨와 롯데마트 담당자는 상품 출시를 연기하고 불량 부분을 수정했다.

출시 후에도 어려움은 있었다. 저가형 중국산 제품과의 경쟁에서 오는 가격 저항도 만만치 않았고, 프로모션 일환으로 유인 판매

롯데마트가 세창씨엔씨와 공동으로 개발한 회전탈수
걸레 '싸이크린 청소기' 광고.

를 기획했지만 사람을 구하는 일 역시 쉽지 않아 판매가 저조했다. 그래서 생각해낸 아이디어가 상품의 특성을 시연을 통해 홍보할 수 있는 집기의 개발이었다. 이 시연 집기를 전점에 설치하자 싸이크린 매출은 설치 전에 비해 2배 가까이 뛰어오르는 성과를 거두었다.

이렇게 개발된 싸이크린은 롯데마트와 대홍기획, 중앙일보가 함께 기획한 '동반성장 프로젝트 상품'으로 지원을 추진했다. '동반성장 프로젝트'란 대기업인 위 세 회사가 기술력은 있지만 자금

롯데마트에 진열된 '싸이크린'.

이나 홍보가 미진한 중소기업의 우수상품을 선정해 홍보 및 매장 진열 등을 기획하고 도와주는 프로젝트를 말한다. 이 프로젝트로 중소기업으로는 시도할 수 없었던 전문적인 홍보 문구와 신문 전면광고, 매장 내 행사장 확대 운영, 홍보물 고지를 할 수 있게 돼 싸이크린 청소기의 우수성을 널리 알릴 수 있었다. 그 결과 하루 평균 30개가량 판매되던 상품이 100개 넘게 팔렸을 뿐만 아니라, 중국에도 수출할 수 있었다.

롯데마트와 세창씨엔씨의 협력은 단순히 브랜드 파워가 낮은 중소기업체의 우수 상품을 롯데마트의 다양한 채널을 통해 고객에게 홍보하고, 그것을 통해 상품의 브랜드를 높이는 데 그치지 않았다. 다양한 판매 채널, 즉 롯데마트, 롯데슈퍼, 홈쇼핑 그리고 중국 진출 등을 최대한 활용함으로써 판매까지 지원하는 완벽한 상생 프로그램이었다. 이는 중소기업에게 실질적인 도움을 주려는 롯데마트의 동반성장 프로그램과 우수 상품을 개발하고자 하는 중소기업의 의지가 만나서 이뤄낸 값진 성과이다.

해외동반진출 전담부서
'글로벌소싱팀' 운영

이처럼 롯데마트는 중소협력사의 성공적인 해외진출을 위해 우수 중소협력사 발굴은 물론이고, 현지 고객의 필요까지 파악하는 다양한 프로그램을 운영하고 있다. 이는 롯데마트가 업계에서 드물게 해외동반진출 지원 전담부서인 글로벌소싱팀을 운영하고 있는 데서도 잘 드러난다.

글로벌소싱팀은 먼저 온라인에 해외진출을 희망하는 중소협력사를 위한 사이트를 개설하고 희망 업체를 상대로 상담과 접수를 상시적으로 진행하고 있다. 그리고 해외 매장에서 판매가 가능한 중소협력사의 상품을 개발한 뒤 적극적인 판촉 활동을 한다. 국내에서 우수한 평가를 받은 상품이라 해도 해외진출시에는 상품의 기호나 디자인, 가격 및 마케팅 등에서 상당한 이견이 있을 수 있기 때문에 중소협력사 상품의 현지 정착을 위한 적극적인 멘토링 운영이 필요하다는 것이 롯데마트의 판단이다.

롯데마트의 글로벌소싱팀은 특히 해외 점포 내에서 '한국물산전'을 추진, 한국 상품을 적극 소개하고 홍보하는 한편, 현지 고객의 욕구를 파악해 현지에서 성공할 수 있도록 지원을 아끼지 않는다.

이처럼 롯데마트는 중소협력사 입장에서 서로 신뢰할 수 있는 유통업 동반성장 문화를 확산하기 위해 노력하고 있다.

동반성장은 지속적발전의 선행조건

04

KT
협력회사들이여,
마음껏 KT를 활용하라

2011년 7월 6일 이석채 KT 회장은 협력회사들이 깜짝 놀랄 만한 발표를 했다.
KT의 협력 파트너에게 KT가 보유하고 있는 특허 약 1000건을 공짜로
나눠주겠다는 것이었다. 조건은 이 특허를 가지고 새로운 서비스와 개발을 하는 것.

CCC로 무선데이터 통신의
속도 혁명을 일으키다

수많은 행인들이 오가는 서울 강남 한복판, '3G 스피드 맞장 대결'
이라는 현수막이 걸렸다. 이 대결은 서비스업체 브랜드를 가린 상
태에서 3G 품질을 평가하는 일종의 블라인드 테스트였다. 결과는
KT가 행인들의 예상을 뒤엎고 90%가 넘는 압승을 거두었다. 2009
년 6월 네트워크 장비의 성능 향상을 위해 에릭슨에 제안하여 개발
된 세계 최초의 기술 CCC Cloud Communication Center 덕분이었다. 이
기술은 다름 아닌 기지국에 클라우드 개념을 접목한 것이다.

　CCC는 데이터 처리를 담당하는 디지털 신호처리부 Digital Unit 를
기지국에서 분리해, 기지국에는 전파 송수신을 담당하는 무선신호

처리부 Remote Unit 만 남겨놓은 것을 말한다. 이러한 CCC 기술 개발에는 KT와 에릭슨의 글로벌적인 협력이 있었다. CCC 망의 성공적인 구축으로 음성 절단율이 70%가량 개선되었으며, 고객센터로 들어오는 VOC Voice of Customer 역시 60% 이상 감소되었다.

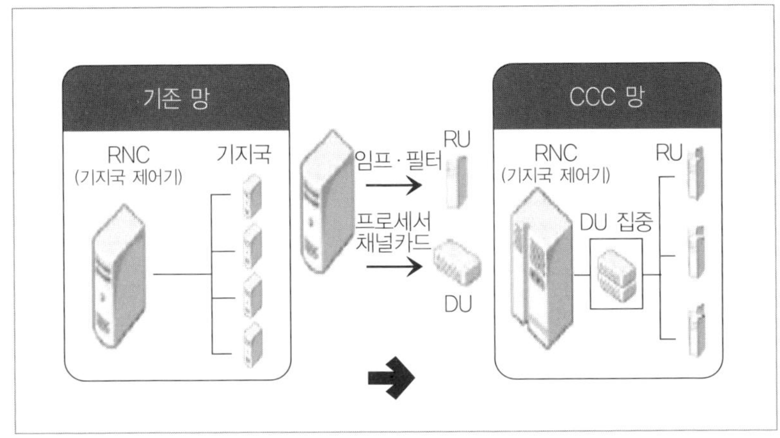

CCC와 기존 망 비교

글로벌 기업과 함께하는
새로운 동반성장 모델

국내 이동통신시장이 포화 상태에 이르고 글로벌 위기가 닥치는 등 사업 환경이 악화되면서, 글로벌 시장 개척과 사업다각화를 통해 내수형에서 벗어나려는 중소기업들의 움직임이 활발하다. 하지

만 중소기업이 아무리 좋은 기술력과 경쟁력을 갖추었다고 해도
스스로의 힘으로 해외에 진출하기란 결코 쉽지 않다.

협력사의 이러한 상황을 잘 알고 있던 KT는 글로벌 협력을 통해
세계 최초로 CCC 기술 개발을 이끌었던 사례를 협력사와의 동반
성장에 확대 적용하기로 했다. 즉, KT와 긴밀한 협력 관계에 있는
에릭슨의 글로벌 네트워크를 활용해 협력사에게도 글로벌 시장에
진출할 수 있는 기회를 주는 것이었다.

KT가 중계기 분야에서 우수한 기술력과 역량을 지닌 협력사를
에릭슨에 추천하면, 에릭슨은 이들 회사와 상품을 평가해 판로를
열어 주는, 말 그대로 글로벌 판로 개척을 위한 방안이었다. 이 프
로그램에 참여하게 되는 협력사는 에릭슨의 182개국 260여 고객사
를 대상으로 판매할 수 있는 기회를 잡는 셈이어서, 단순한 협력 모
델을 넘어 '협력 파트너와 KT의 공동기획'에 의한 성공적인 동반
성장 모델이 탄생할 수 있을 것으로 기대되었다.

전례없는 글로벌 협력 모델을 가지고 에릭슨을 설득하는 작업은
쉽지 않았다. 문제는 기술력과 품질이었다. 철저히 실력 위주로 평
가하는 그들을 만족시키기 위해서는 반드시 뛰어난 역량을 지니고
있어야 했다.

기본적으로 협력사의 기술력과 품질에 대해 확고한 믿음을 가지
고 있었던 KT는 에릭슨에게 중계기 관련 협력사들의 품질을 믿어
보라고 권하면서, 보증도 기꺼이 서겠다고 약속했다. 에릭슨으로
서도 핵심 기술 영역에만 집중하고, 연관 분야는 기술력 있는 협력

사와의 협업을 통해 해결한다면 더 큰 시너지를 낼 수 있다고 끈질기게 설득했다.

에릭슨은 결국 KT를 믿고 글로벌 협력 모델을 구축하기로 합의하기에 이르렀다.

협력사의 경쟁력이
곧 KT의 경쟁력

글로벌 기업 에릭슨과의 협력이라는 새로운 동반성장 프로그램에 참여할 업체를 선정하는 일은 신중에 신중을 기해야 했다. 다양한 이동통신 중계기와 핵심 부품을 개발하고 있고 현장 운용 경험도 많은 업체여야 했다.

LTE 장비 제조업체인 에이스테크놀로지는 30년 동안 국내 무선 통신 장비 부품을 만들어 온 전문기업이다. 자체적으로 개발한 안테나 설계 기술인 DMA Distributed Matching Antenna 가 소니에릭슨의 기술 및 양산 검증을 통과해서, 단말기 관련 라이선스 계약을 체결한 우수업체이기도 하다. 차세대 기지국 시장을 이끌 RF Radio Frequency 전문기업으로 성장하기 위한 기반을 마련하고 있었지만, 글로벌 진출은 언제나 어려운 과제였다.

RF·신호처리·광전송 등 유무선을 아우르는 다양한 핵심 기술을 축적하고 있는 기산텔레콤도 마찬가지였다. KT의 와이브로 WiBro 사업에 참여, 성공적인 와이브로 전국망 구축의 숨은 공신인이 회사 역시 세계시장으로의 도약이라는 숙제를 가지고 있었다.

KT는 두 회사와 더불어 CCC 기술에 필요한 중계기와 안테나, 인빌딩 중계기 등을 성공적으로 구축해 온 에프알텍과 동원시스템즈, 이동통신 핵심 모듈 시스템인 ISS-FM Interference Suppress System-Filter Module, DPD Digital PreDistortion Aamplifier, Compression 전송 기술 등을 공동 개발한 센티스, 인텔라 등 글로벌 수준의 역량은 있으나 중소기업이라는 한계로 해외에 진출하지 못하고 있던 여섯 회사를 에릭슨에 추천했다.

그러자 에릭슨은 이들 회사에 정보제공요청서RFI를 보냈다. 그들의 역량이 얼마나 되는지 파악하기 위해서였다.

답변서를 받은 에릭슨은 이들 회사의 역량에 놀라움을 금치 못했다. 세계 어떤 회사와도 경쟁할 수 있는 기술력과 생산력을 갖추고 있었기 때문이다. 에릭슨은 RFI 심사를 통해 중계기 통신장비 제품 분야에서 시너지 효과를 낼 수 있다는 확신이 서자, 이들 회사와 바로 상용 계약을 체결했다.

KT측에도 "좋은 제안을 해주어서 감사하다. 답변서를 받고 공동으로 비즈니스를 할 여지가 더욱 많다고 판단했다"는 답변서를 보낼 정도로 에릭슨의 만족도는 높았다.

이러한 협력 모델 구축은 무엇보다 KT 내부에 '협력사의 경쟁력이 곧 KT의 경쟁력'이라는 확고한 신념이 있었기에 가능했다. 에릭슨에 추천한 6개 업체 모두 수년간 KT와 협력하며 우수한 기술과 품질 및 가격경쟁력을 확보해 온 기업들이었다. KT는 이들 업체와 CCC · WiBro 등 성공적인 차세대 통신 기반을 구축하며 상호 신뢰를 굳건하게 쌓아 왔다.

협력사의 경쟁력이 KT의 경쟁력, 나아가 국가 경쟁력이라는 신념은 협력사로 하여금 글로벌 시대에 걸맞은 역량을 확보할 수 있도록 했고, 더불어 KT가 다우존스 조사 세계 1위 통신사로 선정되는 원동력이 되었다. 또 이것을 눈여겨본 글로벌 기업 에릭슨과 동반성장 모델을 만들 수 있는 결정적 요인이 되었다.

글로벌 네트워크를 활용한 새로운 동반성장 모델은 국내 기업의 글로벌 시장 공동 진출의 토대를 마련했다. 더불어 내수형 동반성장의 한계를 극복하고 대내외적으로 IT 산업의 글로벌 사업 협력 방향을 제시했다는 평가를 받았다. 선정된 여섯 기업은 KT와 함께 성장을 도모하며 해외 판로를 개척했고, 글로벌 시장에서도 KT와 함께 한배를 탔다는 점이 부각되면서 브랜드 인지도를 높여가고 있다.

세계 최초로 CCC를 개발함으로써 통신 · 네트워크 기술의 소프트웨어 경쟁을 이끌어낸 KT와 에릭슨, 그리고 국내 통신장비 업체들이 만들어가는 동반성장 성공 스토리는 이제 시작이다. KT 협력사들이 세계에서 기술력으로 당당히 맞설 수 있는 글로벌 강소기업으로 우뚝 성장하여 글로벌 ICT 리더로서 생태계를 이끌어 갈 날도 머지않았다.

소프트웨어 개발자 양성 센터
에코노베이션 센터

2010년 8월, 구글이 모토로라를 125억 달러에 인수한다는 소식은 한국 IT 업계를 충격에 빠트렸다. 구글·애플·마이크로소프트 등 소프트웨어^{SW}와 콘텐츠 등을 기반으로 한 플랫폼 업체들이 정보기술^{IT} 시장을 주도하면서 세계는 모바일 기업을 중심으로 한 '소프트웨어 혁명' 시대를 맞고 있다.

소프트웨어 산업의 경쟁력 확보가 절실한 시점이었지만 우리나라의 소프트웨어 산업 현실은 암담했다. IT 강국이라는 이름이 무색할 정도로 소프트웨어 산업은 꿈도 꿀 수 없다는 의미의 'Dreamless'를 더해 4D 업종으로 불리고 있었다. 벤처 붐은 사라진 지 오래였고, 자본과 인력의 유입과 양성이 원활하게 이뤄지는 진일보한 생태계는 구축되지 못하고 있었다. 글로벌 경쟁력을 갖춘 소프트웨어 기업을 찾기 어려운 상황이었다. 벤처기업들이 꿈을 가지고 도전하는 이른바 '실리콘밸리 정신'이 절실했다.

서울 서초구에 위치한 KT의 벤처기업 양성 센터인 에코노베이션 센터. 세계적인 앱 개발자를 양성하기 위해 마련된 이곳에서는 갖가지 아이디어를 지닌 모바일 기술개발자들이 모여 연구를 하고 있다.

KT는 2010년 3월, 국내 소프트웨어 개발자들을 돕고 대기업 중심의 폐쇄형 사업 구조를 개방형 사업 구조로 바꾸는 이른바 '에코노베이션' 정책을 발표했다. 에코노베이션 정책이란 모바일 개발

KT의 벤처기업 양성 센터인 에코노베이션 센터.

자를 위한 센터 운영, API(유선전화망 기반기술) 개발, 펀드 조성, 글로벌 시장 진출 등을 지원하는 정책을 말한다. 누구나 아이디어만 있으면 능력 있는 개발자와 협업할 수 있도록 도와주고, 창업 지원 사업도 펼치고 있다.

에코노베이션 센터는 최고의 앱 개발 환경을 제공할 목적으로 2010년 6월 우면동 KT 개발연구센터 내에 제1센터를 시작으로 선릉 제2센터, 서초전화국 내에 제3센터가 만들어졌다. 1~8인 규모의 개발 공간에 테스트 단말기와 맥북 지원 등으로 앱 개발자들의 기술개발을 돕고 있다.

KT는 이처럼 소프트웨어 개발자들을 위해 작업 공간을 제공하는 것은 물론 심사를 거쳐 '한·중·일 앱마켓 교류 프로젝트' 인

OASIS One Asia Super Inter Store를 통해 세계시장에 진출할 수 있는 기회도 제공하고 있다. 나아가 실력은 있지만 돈이 없어 애플리케이션 개발에 어려움을 겪고 있는 중소 개발자들을 위한 40억 원 규모의 펀드를 운영하고 있다. 앱 개발자 양성을 위한 '아키텍트' 프로그램을 운영, 우수 벤처를 통합 양성하는 등 에코노베이션 프로그램을 명실상부한 '원스톱 인큐베이팅 센터'로 발전시킨 것이다.

아키텍트 프로그램

개 요	역량이 우수한 개발자를 발굴하여 앱 개발, 창업 및 사업 활성화 지원을 통해 우수 벤처로 양성하는 프로그램
지 원	개발 공간, 프로젝트 컨설팅, 포상
아키텍트 1기 (2010.8~2011.2)	40팀 선발, 20팀 창업, 4팀 벤처기업 인증 완료, 약 51개 인기 앱 출시, 홍보 마케팅 지원 및 글로벌 시장 진출 지원
아키텍트 2기 (2011.4~2011.10)	45팀 선발(약 134명) 전문가 컨설팅 지원 아래 프로젝트 추진 중, 홍보 마케팅 지원

KT발
'실리콘밸리' 바람

스마트폰 앱과 온라인 게임을 개발하는 데브클랜도 2010년 8월 이곳에 둥지를 틀었다. 자본금 100만 원의 1인 기업으로 시작했지만 1년 만에 직원은 12명으로 늘어났고, 중국 현지 통신회사와 수출 계약도 체결하면서 수주액이 20억 원을 넘어섰다. 양성센터가 마련한 다양한 지원사업이 큰 도움이 되었다는 게 회사 대표의 말이다. 실제로 데브클랜은 에코노베이션 센터에 입주하면서 상면비용 절감과 KT 개발 지원 환경을 이용해 사업을 확장할 수 있었다. KT의 협력회사라는 것이 알려지자, 대외 신뢰도와 인지도도 높아져 1인 개발자가 20억대 매출을 올리는 성공 스토리를 쓰게 되었다.

편하게 음성으로 남길 수 있는 '회의록 녹음기' 앱으로 주목받고 있는 리토스도 국내 앱 시장이 해외 유료 시장의 10분의 1밖에 안 되는 상황에서 글로벌 시장 진출을 추진했다. 리토스는 에코노베이션 센터의 문을 두드리면서 범아시아 앱스토어인 OASIS에 진출할 수 있게 되었다. 센터에서 사무실과 운영비를 지원받고 다른 개발자들과의 정보 교류를 통해 6억 5천만 명의 아시아 고객이 이용하는 시장에 진출하는 데 성공한 것이다.

'회의록 녹음기' 앱은 KT의 후원을 받아 4개 국어를 지원하도록 출시되어 한국·일본의 비즈니스 카테고리 1위에 오르는가 하면, 미국 앱스토어에서도 꾸준히 상위권에 노출되면서 비즈니스 앱 분야에서 폭발적 인기를 끌고 있다. 치열한 앱 시장에서 남다른 성장세를 기록한 것이다.

업체들은 처음 창업할 당시를 되돌아보면 앱 개발사로 성공하기 위한 과정이 하루하루 포기하고 싶을 정도로 힘들고 막막했다고 회상한다. 초창기, 철저한 시장조사도 없이 무작정 뛰어들었던 탓도 있다. 리토스 윤지환 이사는 "창업할 때부터 세부 교육을 받고 사업 방향과 모델을 만드는 것이 중요하다"고 강조한다.

업체들은 에코노베이션 센터를 통해 원스톱 지원을 받은 것과 더불어 동종 개발 업체들과 정보 교류를 한 것이 앱 개발 시장에서 살아남은 비결이라고 말한다. 앱 개발사들과 끊임없이 교류하면서 개발 정보와 시장 동향 등을 얻을 수 있었기 때문이다.

개발 프로세스 전체를 지원하여 앱 개발자를 양성한다는 프로그램은 리토스와 데브클랜 같은 업체들에게는 분명 단비와 같은 소식이었다. 하지만 KT 내부에서는 앱 개발자 지원 정책의 예산과 실효성을 둘러싸고 적지 않은 반발이 있었다.

하지만 에코노베이션 센터를 통해 우수한 콘텐츠 개발에 전폭적인 지원을 아끼지 않겠다는 경영진들의 신념이 있었기에 흔들리지

스마트 스쿨의 IOS 어플리케이션 개발자 과정.

않고 정책을 추진할 수 있었다. 그들의 콘텐츠가 경쟁력을 갖추고 글로벌 매출을 달성하게 되면서 콘텐츠 수급 측면에서 보자면 KT로서도 이득이 되었다. 벤처 창업자들이 꿈을 이룰 수 있게 해주어 국내 IT업계에 새로운 바람을 일으키겠다는 신념이 이뤄낸 성과였다.

스마트 스쿨

프로그램 개요	• '모바일 창업 벤처로의 성공 가능성 향상 지원' 및 '모바일 앱 생태계 활성화'를 유도하기 위해 글로벌 수준의 앱 개발자 양성을 위한 무료교육
	
	• **교육과정**
	  – 앱 개발 세부 영역을 기술 영역과 콘텐츠 영역으로 구분한 2~5일간의 단기심화과정
	  – 실전 앱 개발 완성을 목표로 전문가 양성을 위한 8주간의 장기전문가과정
	
	• **주요 프로그램**
	  – 기획 과정 : 앱 기획 및 마케팅 전략, 모바일 UX/UI 기획 및 설계 등
	  – 개발 과정 : 오브젝트–C 활용, Advanced JAVA 등
	  – 월 정기 컨퍼런스 운영		

주요 커리큘럼	기획과정	모바일 App 기획 실무	3일
		모바일 App 마케팅 실무	2일
		모바일 biz–model 기획/개발	2일
	개발과정	프로젝트 기획 MACOS 활용 및 ios 개발 가이드	3일
		HTML5를 활용한 실무 개발	3일
		WAC 활용 실무	2일
	장기과정	ios 앱 개발 전문가 과정	8주
		안드로이드 앱 개발 전문가 과정	8주

수혜자 수	2010년 : 세미나 895명, 온라인 1366명 수료 2011년 : 5000명 교육 수료

젊은 모바일 벤처를 양성하여 KT를 능가하는 소프트웨어 회사를 만들겠다는 포부와 지원의 결과는 혁신으로 나타나고 있다.

지금도 모바일 앱 우수 개발자를 양성하기 위한 '스마트 스쿨'을 통해 해마다 2000여 명의 앱 개발자가 배출되고 있다. 젊은이가 멋지게 일하며 글로벌 시장에 진출하는 한국 경제의 성장 동력, 그 희망의 싹이 트고 있다. 전국 어디에서나 개발자 교육을 받고, 벤처 활동을 지원받는 소프트웨어 개발의 새로운 생태계, KT발 실리콘밸리의 바람은 에코노베이션 센터에서 시작되고 있다.

한계에 부딪힌 기술력, KT의 특허로 넘어라

"협력회사들이 새로운 서비스를 만들어낼 수 있도록 KT가 가진 특허를 무상으로 넘겨줄 생각입니다."

2011년 7월 6일 이석채 KT 회장은 협력회사들이 깜짝 놀랄 만한 발표를 했다. KT의 협력 파트너에게 KT가 보유하고 있는 특허 약 1000건을 공짜로 나눠주겠다는 것이었다. 조건은 이 특허를 가지고 새로운 서비스와 개발을 하는 것. 협력사들과 혁신을 통한 동반성장을 하기 위한 조치였다. 이른바 '특허 전쟁'이 본격화되면서 특허 관련 이슈가 민감한 상황에서 나온 발언이었기에 모두 반신반의했다.

"대기업들이 동반성장을 앞세워 중소기업과 협력을 강화한다고 하는데, 중소기업은 점점 더 어려워지고 있습니다."

중소기업 대표 L씨의 말이다.

스마트폰과 태블릿PC 활성화 등 IT 부문의 급격한 변화의 파도 앞에 국내 중소 IT 업체들은 위기에 봉착해 있다. 특히 기술혁신의 속도가 빨라지면서 IT 산업에서 기술력 자체가 중소기업이 대응할 수 있는 수준을 넘어섰다는 것이 업계의 중론이다. 그간 대기업과 중소기업의 상생협력 방안이 대금 결제와 같은 하도급 관행 개선에 집중된 점에 비추어 볼 때, 기존의 지원 방식으로는 한계가 있음이 점점 명확해지고 있었다.

KT는 원래 보유하고 있던 특허 일부를 외부에 판매할 계획이었다. 하지만 협력사들의 기술난이 심각하다는 것을 알고는 동반성장을 위해 무상으로 특허를 양도하기로 전격 결정한 것이다. 중소기업의 기술력 확보가 대기업의 경쟁력이고, 특허가 필요한 중소기업들이 관련 기술을 받아 경쟁력을 강화할 수 있다면, 동반성장의 진정한 의미를 되새길 수 있다는 최고경영자의 강력한 의지에서 나온 결정이었다.

KT가 공개한 특허는 통신규약·광통신·건물 내외부 통신망·데이터처리·정보보호 등 1000여 건으로, 종류도 다양하고 그 양도 전례가 없다. 기관을 통해 검토한 결과 B급 이상의 특허가 절반 이상 포함되어 있어 질적으로도 우수한 특허를 제공하는 것이었다. 양도 대상 업체는 2011년 KT와 동반성장협약을 체결한 397개 협력사였다.

특허 무상양도 개요

대 상	2011년 공정거래 및 동반성장협약 체결 업체
주요 특허	'사용자 위치정보 제공 방법', '단말기를 이용한 동영상 서비스 장치 및 방법' 등
추진 일정	−7월 26일 특허 600개 공개 −연내 400개 추가 공개

무상양도 특허의 기술 분야

네트워크	데이터 처리/관리	광통신	옥내/외 통신망	미디어	응용 기술	통신 규약	단말기	정보 통신	계
54.7%	18.8%	8.9%	8.4%	3.8%	2.9%	1.7%	0.7%	0.1%	100%

KT의 특허 개방은 매우 신선하다는 평가를 받았다. 특히 최근 스마트폰 보급 이후 관심이 쏠리고 있는 위치정보 활용이나 휴대전화 문자 메시지를 이용한 서비스 관련 특허도 포함되어 있어 참신한 아이디어만 있으면 곧장 새로운 서비스를 개발할 수 있었기 때문이다.

하지만 협력회사들은 과연 이 특허를 왜 제공하는 것인지, 다른 의도는 없는지, 제공되는 특허가 양질의 특허인지 의구심을 가지고 보았다. 내부에서는 기술 관련 이슈가 무엇보다 민감한 IT 업계에서 일찍이 전례가 없는 특허 공개에 대한 반발이 끊이지 않았다. 특히 특허 전쟁이 대내외적 이슈가 되던 시기에 발표되었기 때문인지 내부 분위기는 좋지 않았다. 중소기업 특허를 사실상 대기업이 강탈하는 사례가 빈번한 국내 문화에서 대내외적으로 신선한 충격으로 다가온 것도 사실이지만, 의혹도 많았다.

이 문제를 돌파하기 위해서는 참여자들과의 적극적인 소통이 중요했다. 협력사들에게는 이번에 공개한 특허의 성격과 수준을 적극적으로 알렸다. 특히 협력사 입장에서 특허의 활용 가치가 떨어지는 양도는 배제하고 기술개발과 연관될 수 있는 세부 특허 항목을 공개했다. 내부적으로는 이러한 특허 공개가 건강한 IT 생태계 조성과 장기적으로는 자사에 도움이 됨을 설명해 공감을 이끌어냈다. 그 결과 관련 문의와 접수가 폭증했고, 협력 대상 업체의 상당수가 특허 양도를 신청했다.

알티캐스트는 ip-tv device 및 HEADEND 솔루션 분야에서 탁월한 성과를 내고 있는 전문업체로, 그동안 나름의 기술력을 바탕으로 통신기기 업무를 확장해 왔지만 번번이 자체 기술력의 한계를 느끼고 있었다.

그러던 와중에 KT가 지능형 정보 제공 시스템의 자원 제어 관련 분야와 고품질 음성 변환 관련 특허도 무상으로 양도한다는 사실을 알고는 신청을 했다. 알티캐스트는 기존 자사 제품과 연동하여 통합 UI 및 다양한 서비스에서 활용 가능한 음성인식 인터페이스를 구현·적용하겠다는 구체적인 활용 계획을 내놓았다.

그런가 하면 정보통신공사업체인 신안정보통신은 통신 단말기와 소프트웨어(어플)를 이용한 출입시스템 연구개발을 추진하던 중, 특허 양도 소식을 접했다. R&D와 소프트웨어 개발이 지연되고 있는 상황에서 이 기회를 놓칠 수 없다는 생각에서 적극적인 참여 의사를 밝혔다. 신안정보통신은 모바일 단말기를 통한 출입시스템을 개선하고 경비시스템 업체와의 협력을 통해 실질적인 단말기를 구축하겠다는 특허 사용 계획을 KT에 제출했다.

협력사의 지원 요청이 많아지자 엄격한 심의 기준이 필요했다. KT는 즉시 지적재산권 심의위원회를 구성하여 지원사들이 양도되는 특허의 구체적이고 효율적인 활용 방안을 강구했는지를 심사했다. 구체적인 활용 계획을 내놓은 알티캐스트와 신안정보통신은 심사에 통과, 그들의 사업 범위와 관련된 특허를 제공받게 되었다. 이 특허들은 그들에게는 실로 사막의 오아시스와 같은 존재였다.

KT, IT 생태계 구축
성공적인 첫 걸음

현재 개발 중인 기술들과 연관성이 높은 특허를 제공받은 업체들은 이를 바탕으로 시스템을 개발, 매출 상승을 기대할 수 있게 되었다. 기존 제품과 연동하여 단점을 보완, 기능을 개량·개선할 수 있었기 때문이다. 또한 기술이전을 받고 거기에 끊임없는 노력을 더해 BMT Bench Mark Test를 통과할 경우, 구매 평가에서 가산점을 받게 돼 기술개발에 대한 동기부여도 되었다.

KT로서도 협력사들이 개발한 우수한 기술들을 활용할 수 있게 되니 서로 '윈윈' 하는 셈이다. 자사 특허를 중소기업이 가져다 새로운 가치를 만들어내고, 특허의 사업성 검증도 미리 할 수 있으니

일석이조라 하지 않을 수 없다.

이를 입증이라도 하듯 추가로 특허를 공개할 것과 협력사 대상을 늘려 달라는 요청이 쇄도하는 것에서 KT의 IT 생태계 구축 노력이 성공적인 첫걸음을 떼었음을 알 수 있다. KT는 앞으로도 중소기업이 더 좋은 사업 기회를 가질 수 있도록 그들이 필요로 하는 특허를 무상양도하는 시스템을 정례화할 계획이다. IT업의 특성상 1인 창업자가 많은 현실을 감안해 독특한 아이디어를 제품화할 수 있도록 이들의 신규 시장 진출을 적극 돕겠다는 것이다.

국내 IT 업체들이 당면하고 있는 대내외적 문제 앞에서 기술력 확보라는 카드를 무상으로 제공한 KT의 협력 모델은 많은 것을 시사한다.

숲이 사라지면
나무도 죽는다
동반성장위원회
Commission on Shared Growth for Large and Small Companies

2010년 도요타의 대규모 리콜
사태는 전세계에 충격과 교훈을
주기에 충분했지.
왜 이런 사태가
일어났을까?
TOYOTA
리콜

그 이유는 바로
'상생정신'을
잊었기 때문이야.
相生

세계 1위라는 우월감으로 중소기업
에게 과도한 원가절감을 강요한
결과
기술개발은
안하고
원가절감만
시키다니…

가속페달에 불량이 생겼고 1천만
대를 리콜하는 사태가 발생했어.
손해도 컸고 이미지도 나빠졌지.
Recall

이것은 대기업과
중소기업은 하나의
생태계에 공존한다는
사실을 망각한
결과야.
大

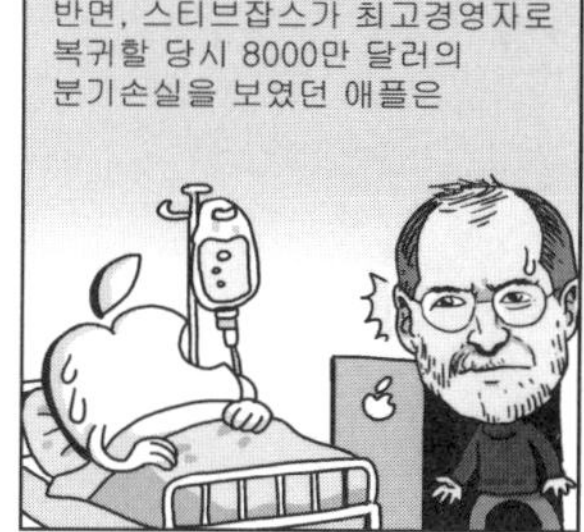

반면, 스티브잡스가 최고경영자로
복귀할 당시 8000만 달러의
분기손실을 보였던 애플은

현재(2011년 3분기)285억 달러의
아이폰 매출액을 보이고 있어.
왜일까?
뛰어난
기술 때문에?

애플의 장점은 신기술을 만드는
것이 아니라 기존에 나와 있던
기술들을 안정적으로 잘 조립
하는데 있어.
기술때문이
아니란
말씀이지!
최 적 화

애플은 앱스토어에 많은 소프트
웨어 중소기업들, 1인 기업들을
끌어들이기 위해 수익의 70%를
개발자에게 돌리는 '상생정신'으로
개발자
애플

굳이 애플이 노력하지 않아도
20만개의 유용한 어플리케이션이
앱스토어에 가득하도록 만들었지.

천 년을 이어온 고목이라도 숲이
사라지면 말라 죽어

숲이 담고 있던 수많은 생명들이
그 나무를 지탱해 주고 있기
때문이지

05

대우조선해양
기술 교육으로
통합협업 시스템 구축

대우조선해양은 협업 네트워크를 구축하고 협력사를 육성하는 차원에서 대우조선해양이
보유하고 있는 리프팅 러그 설계기술을 협력사에게 전수해 주고 있다. 이를 통해 협력사는 해당 기술을
확보하여 다른 블록 제조업체보다 차별화된 경쟁력을 가질 수 있게 될 뿐만 아니라
협력사와 기술을 전수한 대우조선해양 모두 이에 따른 부수효과를 누리고 있다.

건강하고 지속가능한
조선해양 생태계 구축

동반성장은 지속가능한 기업 경쟁력을 확보하기 위한 유효한 수단
이다. 글로벌 경쟁이 기업에서 기업 네트워크로 옮아감에 따라 우
수한 협력회사를 보유한 기업 네트워크만이 살아남을 수 있게 되
면서 대기업과 중소기업의 동반성장 중요성이 더욱 커지고 있다.

대우조선해양은 이러한 시대적 조류에 발맞춰 지난 2011년 4월
협력사와 동반성장협약을 맺고 대기업과 중소기업 간의 건전한 파
트너십을 더욱더 공고히 하고 있다. 100% 현금결제와 함께 대금
지급 횟수를 늘리는 등 협력사의 재무 건전성 향상에 기여하는 한
편, 동반성장펀드를 조성하여 중소협력사의 자금사정에 도움을 주

고 있다. 대우조선해양의 교육·훈련 분야 협력사 지원 프로그램은 이미 몇 년 전부터 다양하게 실행해 오고 있으며, 공동 기술개발 측면에서도 각종 지원 프로그램을 도입하여 운영 중이다. 또한 기술지도사 파견 등을 통해 기술 전수에도 힘쓰고 있다.

동반성장을 위한 대우조선해양의 이런 노력은 하도급법 준수, 하도급 거래 질서 확립을 위한 3대 가이드라인 도입, 표준하도급계약서 도입 등으로 표출된 공정거래 질서 확립과 동반성장을 추구하고자 하는 의지의 산물이다.

뿐만 아니라 최근 대우조선해양은 사외 구매 조달, 육상·해상 조달 물류, 사외 공정 가시화, 도면 전자 배포, 리프팅 러그 Lifting LUG 설계 등 제반 분야에서 사외블록 제작업체들과 통합협업 시스템을 구축하고 있다. 이는 적정량의 사외 생산 능력을 확보하고, 혁신적인 협업 체계 개선에 따른 상호 영업이익을 확보하여 궁극적으로 건강하고 지속가능한 세계 1위의 조선해양 기업생태계를 구축하기 위해서이다.

이를 위해 대우조선해양은 아래와 같이 생산기술 지원 분야에서 사외블록 제작업체들과 동반성장 활동을 전개하고 있다.

1. 협업 네트워크 구축 : 대우조선해양 협업 모델 파트너 선정, 협업 네트워크 설계

2. 협력사 육성 : 상생협력지수, 적기 입고 마일리지, 협력사 혁신 프로그램 (동반성장 지원)

3. 커뮤니케이션 강화 : 채널 명확화, 협업 Portal/ Help Desk 운영,
   열린 교육·훈련

4. 최적 배량 : 물량 사전 예시, 부하 평준화, PE장 활용 극대화

5. 협업 프로세스 : 업체 등록/계약, 계약 대금 정산, 사급, 생산, 공
   정, 품질, 납기 관리 지원

협력사에 리프팅 러그
설계기술 전수

대우조선해양은 협업 네트워크를 구축하고 협력사를 육성하는 차
원에서 대우조선해양이 보유하고 있는 리프팅 러그 설계기술을 협
력사에게 전수해 주고 있다. 이를 통
해 협력사는 해당 기술을 확보하여
다른 블록 제조업체보다 차별화된 경
쟁력을 가질 수 있게 될 뿐만 아니라
협력사와 기술을 전수한 대우조선해
양 모두 이에 따른 부수효과를 누리
고 있다.

첫 번째는 제품 조립 중 리프팅 러
그의 안전성을 확보할 수 있다는 사
실이다. 이는 제품의 정확한 무게중
심 유지로 파손을 방지할 뿐만 아니

러그LUG : 러그는 종류가 많고 용도도 많아서 일률적으로 정의할 수 없지만, 통상 큰 물건을 들거나 끌기 위해서 붙이는 보조 손잡이용 철판을 말한다. 대개 블록을 작업 위치로 이동하거나 위치를 변경할 경우 꼭 필요한 공구이다.

리프팅LIFTING : 선박을 건조할 때 조립 과정의 ASS'Y, 탑재 단위로서의 BLOCK 또는 P.E BLOCK, 대형 의장품, 철구조물 등(이상을 LIFTING 대상물이라 한다)을 각종 크레인으로 들어 올리는 작업을 말하며, 더욱 광범위한 의미로는 뒤집고, 회전시키고, 운반하고, 탑재하는 일체의 작업을 말한다.

라 현물과 설계의 연계 문제점이 드러났을 때 즉각 조치가 가능하다는 장점이 있다. 파손 및 재작업에 따른 추가 비용이 감소하는 것은 물론이고, 선주/선급 신뢰도 향상에도 도움이 된다.

두 번째는 리프팅 러그 설계의 저변이 확대된다는 점이다. 다른 협력사의 동참도 가능하므로 러그 설계 인력풀을 형성할 수 있다.

세 번째는 PE-Block 및 단독 블록 하부 어셈블리Assembly에 부착하여 사용하는 리프팅 러그의 파단 사고를 미연에 방지함으로써 안전과 품질을 확보하고 납기를 맞출 수 있다는 점이다.

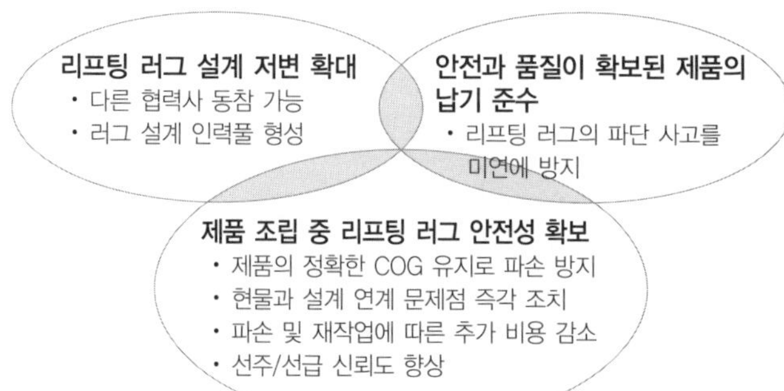

대우조선해양이 이러한 프로그램을 운영하게 된 것은 2010년 12월 16일 발생한 사고가 계기가 되었다. 대우조선해양에 대형 블록을 제작하여 납품하는 (주)건화라는 사외협력사의 작업장에서 150톤 블록을 뒤집는Turn-Over 작업 중 러그가 파단되어 블록이 낙하하는 사고가 발생한 것이다.

당시 RCA Root Cause Analysis(사고 근본 원인 분석) 기법에 의해 사고 원인을 분석한 결과, 블록 조립 작업용 리프트 러그의 위치와 규격 선정상의 문제가 주요 원인으로 지적되어 재발 방지 대책이 필요해졌다. 마침 (주)건화에서 대우조선해양의 지원을 요청하는 공문이 날아왔다. 리프트 러그 설계 교육을 의뢰해 온 것이었다.

이에 대우조선해양은 장기적 안목에서 사외 협력사의 설계전문가 양성을 도와주는 것이 바람직하다고 판단, 리프팅 러그 설계기술 전수 및 시스템 지원을 추진하기로 결정했다.

이 같은 결정에 따라 상선선각 기술 교육, 품질기획 교육, IT 기획 교육 등을 실시하는 한편, IT 인프라도 갖춰 나갔다. 그리고 마

토론 형식의 강의를 통해 습득한 기술을 실제 적용해 보고 있다.

침내 2011년 10월 20일, 대우조선해양과 (주)건화 사이에 리프팅 러그 협업 설계 시스템이 구축되어 개통식을 갖기에 이르렀다. 동반성장의 확고한 체계가 갖춰진 것이다.

참고로 교육과정과 설계과정에서 쓰였던 툴Tool을 소개하면, 대우조선해양의 설계 시스템인 TRIBON CAD를 이용해 도면을 작성하고, 작성된 리프팅 러그 도면은 대우조선해양의 데이터베이스에 저장했다. 그리고 등록된 PC와 프린터만을 사용해 접근할 수 있도록 지정하고 추적관리를 했다. 다음은 이런 과정에서 만들어지고 관리된 샘플 도면이다.

설계 도면

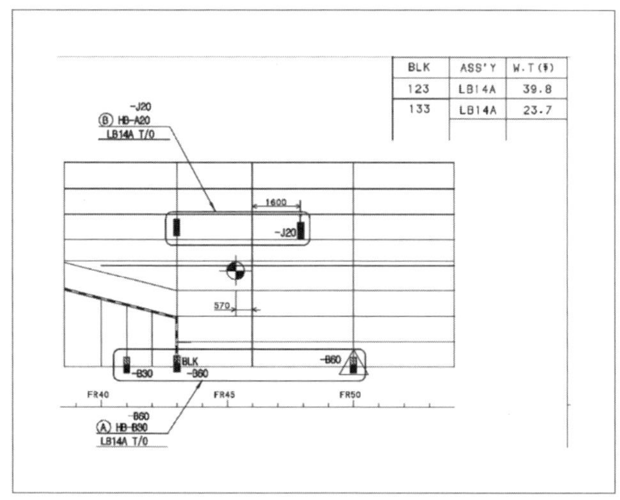

인터넷만 있으면
대우조선해양 설계 시스템 활용 가능

대우조선해양은 설계 시스템을 협력사에서도 활용할 수 있도록 IT 인프라를 구축했다. 인터넷을 통해 대우조선해양 설계 시스템에 접속하기만 하면 얼마든지 도면을 작성할 수 있고, 출력할 수도 있는 시스템을 갖춘 것이다. 이는 인터넷이 가능한 PC만 있으면 언제든지 활용 가능하기 때문에, 협력사로서는 아무런 투자 비용 지출 없이 대우조선해양의 고급 시스템을 무상으로 활용하는 셈이다.

최근 정부는 그 어느 때보다 동반성장을 강조하고 있다. 하지만 기술보호 및 지원 분야에서는 뚜렷한 성과를 거두지 못하고 있는 실정이다. 그런 의미에서 (주)건화의 리프팅 러그 설계 시스템은 모기업의 앞선 설계기술력과 IT가 협력사에 아무런 조건 없이 지원한 결과물로 기술지원 분야에서 정부가 주장하는 동반성장의 표본이라 할 수 있다.

그동안 리프팅 러그는 지원되는 도면과 지원되지 않는 도면이 있었는데, 도면이 없을 경우에는 현장에서 숙련노동자들의 경험과 지식만으로 러그가 선택되고 부착되어 왔다. 즉 설계도 없이 오로지 현장 경험에만 의존하여 작업을 해왔던 것이다. 그러다 보니 올바르지 못한 러그를 선택하거나 정확하지 않은 무게중심, WPS^{Welding Procedure Specification}(용접 시공 절차서)에 위배되는 용접, 검사 절차 무시 등으로 이어져 대형 안전사고가 발생하는 원인이 되었다.

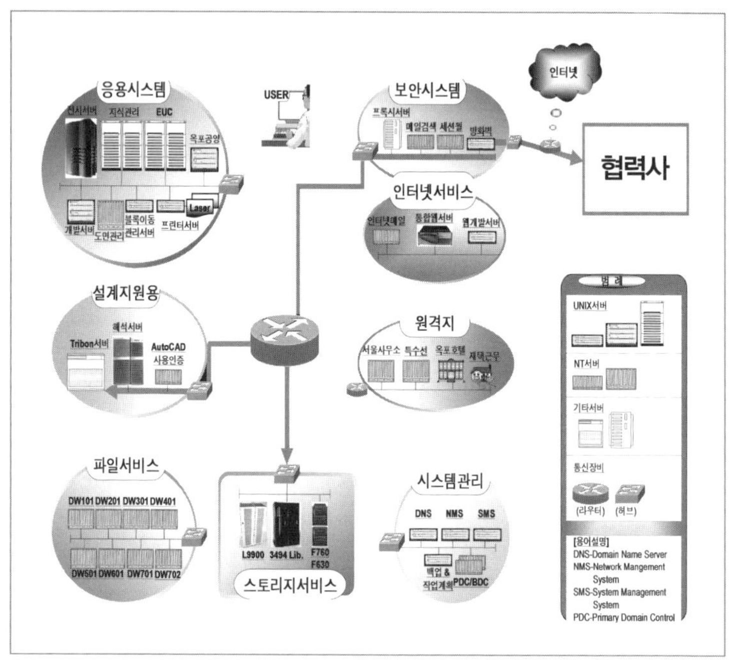

하지만 모기업의 지원과 교육을 통해 (주)건화는 리프팅 러그를 자체적으로 설계할 수 있게 되면서 더 안전하고 더 좋은 품질을 유지할 수 있게 되었다. 또 블록 조립 회사로는 세계 최초로 리프팅 러그 설계 능력을 보유하게 되면서 동종사와 차별화된 성장을 할 수 있었다.

이러한 경험과 성과를 바탕으로 대우조선해양은 (주)건화 말고도 다른 사외블록 제작 협력회사들에게도 리프팅 러그 설계기술을 전수할 계획이다.

조선업계 최초로
2011 한국SCM 대상 수상

이처럼 대우조선해양은 IT를 이용해 실시간으로 협력회사와 정보를 공유하고 협업한 공로를 인정받아 지난해 11월 한국SCM학회와 지식경제부가 주관하는 '2011 제10회 한국SCM 대상'에서 제조부문 대상을 수상하기도 했다. 조선업계 최초로 SCM 분야에서 가장 권위 있는 한국SCM 대상을 받음으로써 협력사와의 동반성장을 위한 지속적인 노력과 기술력을 입증받은 셈이다.

대우조선해양은 '2011 제10회 한국SCM 대상'에서 제조부문 대상을 수상했다.

특히 협력사별 특성을 고려해 구축한 '전략적 협력사 관리시스템(SRM)'은 다른 제조업종에서도 벤치마킹할 정도로 모범적인 상

SCMSupply Chain Management (공급망 관리) : 부품 공급 업체와 생산 업체 등 거래 관계에 있는 기업들 간에 IT를 이용해 실시간으로 정보를 공유하고 협업하는 것을 말함.

생 프로그램으로 알려지고 있다.

여기서 한 발 더 나아가 대우조선해양은 앞으로 협력사의 혁신 활동까지 체계적으로 돕는 시스템을 개발해 모기업과 협력사가 함께 부가가치를 창출할 수 있도록 할 계획이다.

수처작주隨處作主라는 말이 있다. '가는 곳마다 주인이 되자'는 마음가짐을 가져야 한다는 말이다. 대우조선해양은 대기업과 중소기업을 따로 분리하지 않고 모두가 다 주인이라는 생각으로 협력하고 있으며, 이런 의식을 바탕으로 역량을 갖춘 동반성장의 파트너로서 경쟁력을 갖춰 나가고 있다.

동반성장위원회 어떻게 탄생했나?

06

STX조선해양
선박용 전선의 새 역사를 쓰다

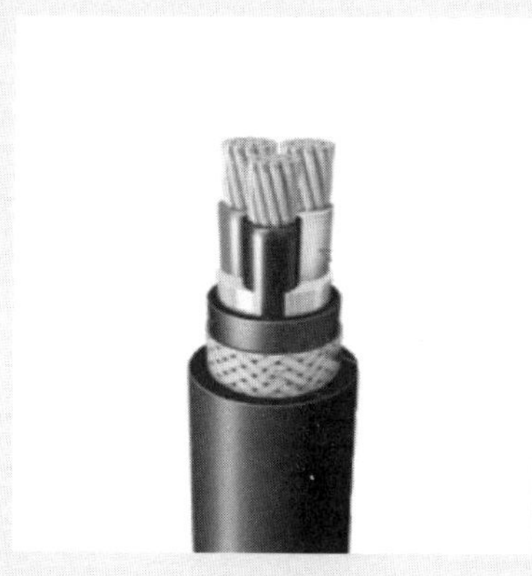

STX조선해양과 TMC가 공동으로 개발한 신모델은 세계 최초로 선박용 전선의
무외장·내도료성 사양 적용에 성공했다는 점에서 주목을 받았다.
또 기존의 전선에 비해 가볍고 가늘어 유연성이 개선되었고, 전선의 외장을 없앰으로써
품종을 단순화하고 표준화에 기여하는 효과를 거두었다.

STX조선해양과 TMC,
선박용 전선 새 모델 절실

선박 건조량이 매년 증가하면서 케이블 사용량도 그에 비례해 증가하고 있다. 2007년에는 550만 미터이던 것이 2008년에는 700만 미터, 2009년 1000만 미터로 증가 추세가 가파르다. 더욱이 앞으로는 고부가가치의 신선종을 건조하게 됨에 따라 급격한 수요량에 따른 재료비 상승이 예견되는 터라 경쟁력 확보를 위한 자재비 절감 필요성이 더욱 절실해졌다.

이뿐 아니다. 세계 주요 조선국들은 이미 자국에 유리한 선박용 케이블 규격을 보유하고 있고, 일본의 경우에는 JIS C 3410이라는 새 규격을 제정함으로써 자기 나라 기업을 육성하려는 의도를 내

비치고 있는 현실이어서 이에 대응할 수 있는 국내 표준이 절실했다. 우리나라는 선박 건조 및 수주량, 설계기술력 등 모든 면에서 세계가 인정하는 조선 일등 국가의 위치를 굳히고 있는 만큼 우리의 목소리를 낼 수 있을 때 선박용 전선의 표준을 제정하자는 업계의 목소리가 나오고 있었다.

STX조선해양이 선박용 전선의 새로운 모델을 개발해야겠다고 기획한 것은 이런 국내외 상황과 회사의 미래, 그리고 우리나라 조선업계의 앞날을 위해서는 너무나 당연한 선택이었다.

신모델 개발의 필요성은 선박용 전선을 전문으로 제조하는 협력사인 (주)TMC 역시 마찬가지였다. 2008년 하반기까지 지속적인 원자재 가격 상승으로 수익성이 악화된 데다 친환경 제품 적용이 곧 의무화되는 시점이라서 신모델 개발에 대한 욕구가 자연스럽게 일어나고 있었다. 또 외국 기술을 표준으로 사용하던 터라 조선대국에 걸맞은 국내 표준 기술 개발도 절실한 상황이었다.

세계를 겨냥한
선박용 전선을 만들다

STX조선해양은 일단 신모델 개발 계획을 수립하고 SOLAS, IEC, IACS 및 각 선급 룰^{Rule} 분석을 통해 연구개발의 타당성을 확보했다. 그리고 이 연구개발을 공동으로 추진할 협력사로 TMC를 선정하고, 현장에서 수립한 신모델의 타당성과 개발 가능성을 확인한 후 본격적인 개발에 들어갔다.

2007년 2월, 신제품의 시제품이 나온 것과 때를 맞춰 이후 약 5개월 동안 STX조선해양의 기술영업, 방식설계, 전장설계 관계자 및 생산관리자, 작업자 등을 대상으로 품평회를 연 결과 호평을 받았다. 이때 현장 작업자들로부터 시스의 두께 및 내구성에 대한 조언을 듣고 제품에 반영했다.

5개월가량의 품평회를 거치는 동안 사용자들의 지적사항을 반영한 2차 시제품으로 STX조선해양 진해조선소 P.E Stage(51K P.C E/R 2ndDeck)에서 가혹한 조건으로 현장 성능 평가를 진행한 결과, 현장 적합에 '이상 없음' 이라는 평가를 받을 수 있었다.

이에 따라 연구개발 과정을 통한 기술적 사항을 Technical Spec. 작성과 KR 선급에 정식 제출하여 Spec.이 승인되었고, 승인에 이어 1개월간 Type Approval Test를 통하여 관련 규격을 만족시켜 '이상 없음'을 공식 확인함으로써 KR 선급으로부터 인증서를 획득할 수 있었다.

이후 해외 선급 인증에도 적극적으로 나서서 2011년 상반기까지 ABS, RINA, LR, DNV, GL, BV, NK 등의 선급 인증을 모두 완료하였다.

세계 최초로
무외장·내도료성 사양 적용

STX조선해양과 TMC가 공동으로 개발한 신모델은 세계 최초로 선박용 전선의 무외장·내도료성 사양 적용에 성공했다는 점에서 주목을 받았다. 또 기존의 전선에 비해 가볍고 가늘어 유연성이 개선되었고, 전선의 외장을 없앰으로써 품종을 단순화하고 표준화에 기여하는 효과를 거두었다. 또 영하 30도에서도 합격을 받을 만큼 내한성 Cold Resistant 이 향상되었는가 하면, 이런 장점들을 통해 현장 작업성이 현저히 개선되었다.

새롭게 개발한 신모델 선박용 전선은 기존의 전선에 비해 더 적합하고 Fitness, 혁신적이며 Innovation, 신개념 New 인 데다 경제적 Economy 이라는 의미로 'FINE-Route'란 이름을 붙였다.

FINE-Route는 다양한 방면에서 다양한 효과를 가져다주었다. 기존에 쓰이던 선박용 전선인 JIS와 비교해 8% 정도 원가가 인하되었으며, 제품을 주문하고 인도받기까지 걸리는 시간 Lead Time 을 크게 감소시켜 Stock 관리도 가능하게 되었다.

또 선박용 전선은 도료에 의한 손상시 시스 물성에 영향을 미쳐 크랙 Crack 이 발생하기 때문에 보호 덮개 Covering 작업이 필요했지만, 이 제품은 Cover-Recover가 필요치 않아서 작업시수 절감에 크게 기여했다(1500M/H). 외장을 없앰으로써 품종의 단순화·표준화에 기여하고, 중량 감소로 이동성 및 포설 작업성이 향상되었으며,

접지결선시수 절감 효과도 뛰어났다(300M/H).

그런가 하면 전 세계 내한성 규격 중 가장 가혹한 CSA 22.2를 만족하는 사양으로 혹한기 폭로 구역 작업시에도 문제가 없고, Ice Class 선박에 적용할 때에는 기존의 JIS와 비교해서 원가가 15% 절감된다. 이는 품종의 표준화에도 도움이 될뿐더러 극지방 운항까지도 가능한 사양이라는 점에서 획기적이다. 게다가 내열성도 뛰어나서 JIS의 용융점이 93°C인 데 비해 FINE Route는 150°C로 혹서기 포설 시에도 시스에 전혀 손상을 주지 않는다. 특히 고부가가치 전선에 적용되었던 재료인 Rip Cord(시스 탈피용 실)을 사용해 탈피 효율성을 높였는데, 이는 선박용 일반 전선에는 처음으로 적용한 것이다.

FINE Route 개발에 따른 선종별 개선 효과는 다음과 같다.

선종별 개선 효과

선종	품목 단순화	원가 인하율	중량	외경
10K~115K P.C	90종→**60종**	Abt. 8%		
58K~181K B.C	90종→**60종**	Abt. 8%		
대형C.N/VLCC/LGN	130종→**80종**	Abt. 5~10%	Abt. 25% ↓	Abt. 15% ↓
ICE CLASS VESSEL 51K P.C/특수선	140~180종→**90~130종**	Abt. 15~20%		

이를 분석해 보면 80척 건조시 1000만 미터가 필요한데, 이는 기존 JIS와 비교해 약 25억 원의 비용 절감 효과가 있다. 또 설계/물류/생산 케이블 품목의 단순화로 직접 관리시수 역시 절감된다. 그런

가 하면 내도료성 도장을 적용함으로써 Cover-Recover 작업에도 1500M/H 절감, 전장 생산 부문 무외장으로 접지 관련 300M/H 시수 절감 효과가 있다. 따라서 설계와 생산 시수가 약 5억 원(2500M/H), 재료비가 30억 원 절감되므로 연간 35억 원이 절감되는 셈이다.

무게도 줄고
작업도 편해졌다

선박용 전선에 Un-armor 타입을 적용해 외경과 중량이 줄어들면서 선박용 전선이 슬림해져 작업성 개선에도 큰 영향을 미쳤다. 다음 은 기존 JIS와 신제품인 FINE Route의 사양을 비교한 것이다.

JIS 타입 케이블

기존	
절연 두께	1.0~2.4mm(1.5~300SQMM) 0.6mm(0.75SQMM)
차폐 방법	주석도금 연동선 편조
외장	인청동선 또는 아연도철선 편조
외경 및 중량	규격에 정해진 외경을 반드시 준수
탈피성	Rip-cord 미적용

FINE Route 타입 케이블

신제품	
절연 두께	0.7~1.8mm(1.5~300SQMM) 0.5mm(0.75SQMM)
차폐 방법	AL/PS Tape+Drain wire 테이핑
외장	없음(단, 필요시 외장 가능)
외경 및 중량	기존 대비 25% 이상 감소
탈피성	전제품 Rip-cord 적용

다음은 두 타입의 구조를 그림으로 구성한 것이다.

JIS 타입

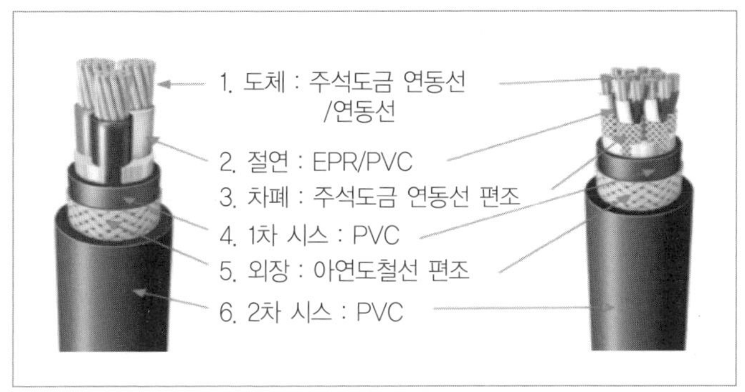

FINE Route 타입

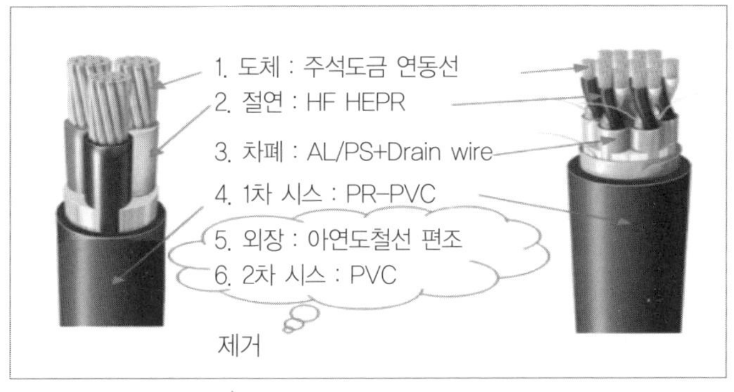

그런가 하면 절연체 Insulation 의 소재로 HEPR Hard grade EPR을 사용함으로써 절연체의 물성 및 전기적 특성이 향상되었다.

또한 신모델 연구개발의 핵심 요소는 시스의 개발인데, 기존

PVC 시스 대비 물리적 · 화학적 특성이 향상되어 내유성[Oil Resistant], 내한성, 인열강도 등의 개선 효과가 나타났다. 영하 30도부터 150도까지 견딜 수 있는 내한 · 내열성을 갖추게 된 것이다.

새롭게 개발된 시스의 가장 큰 특징이자 효과는 내도료성[Paint Resistant]에 있다고 할 것이다. 세계 최초로 상용화에 접목시킨 탓에 관련 규격이나 테스트의 기준이 없어 각 선급과 협의하여 진행했는데, 적용 페인트는 조선 현장에서 널리 사용되는 Epoxy 계열로 선정했다. 다음은 시스에 페인트를 묻혀 노화시험기에 100℃ × 168h로 테스트하는 상황이다.

내도료성 노화 시험

완제품, 규정에 없는
압축·마모 시험 모두 만족

완제품에 대한 규격은 관련 선급 룰에 없어서 현실적 사항을 고려한 압축 시험과 마모 시험을 추가하였다. 압축 및 마모 시험은 현장 포설시 발생할 수 있는 문제들을 모의 테스트를 통해 입증하는 절차로, FINE Route의 실용성을 보여주는 데 의의가 있다. 그밖에도 난연성 시험 IEC 60332-1, 내화성 시험 IEC 60331-21&31의 조건을 모두 만족시켰다.

압축통전 시험

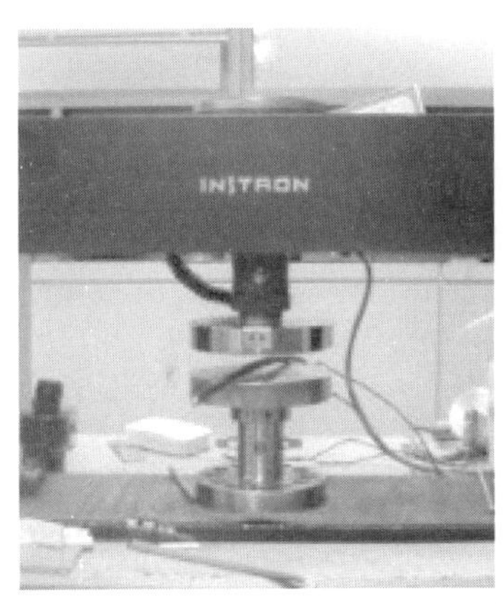

완제품을 1000kgf(9800N)의 하중으로 통전 상태에서 케이블의 절연파괴 유무를 검증했다.

KS C 3004에 의거해 케이블의 마모성 입증을 위한 시험을 실시했다.

협력사와의 협업으로
제품 성능 향상

선박용 전선 신모델인 FINE Route은 2009년 1월 발주를 시작으로 STX조선해양 모든 현장에 적용하기 시작했다. 현재 첫 적용 선박에 성공적으로 설치되고 있어 향후 설계 표준화에서 생산 부문까지 큰 파급효과가 예상된다.

그동안 개발된 제품에 대한 성능 검증을 위해 STX조선해양의 진해조선소에서 현장 포설 검증 작업 및 난연성·내화성 만족 여부를 테스트하기 위한 현장 용접 불꽃 시험이 실시되었다. 또 개발 제품을 실제 선박에 적용하기 위해 대내적으로는 작업자들을 대상으로 설명회 및 공개 테스트를 시연하면서 개발 제품을 적용하는 것에 대한 불신을 불식시켰다.

그런가 하면 선주를 상대로 개발 제품에 대한 설명회를 여러 차례 실시하여 STX조선해양에서 건조하는 선박에 이 제품이 적용될 수 있도록 지속적인 노력을 기울여 왔다.

기존 선박용 전선에 비해 분명 뛰어난 것은 사실이지만 초기의 FINE Route에 결점이 없는 것은 아니었다. 현장 포설시 또는 포설 완료된 전선의 외피에 화기 작업을 할 때, 화기 충격에 의해 전선에 화재가 발생하거나 외피 손상이 발생할 수 있다는 지적이 있어 이를 보강하기도 했다.

TMC에서는 시스 재질의 산소지수를 24에서 26~27로 개선하여 난연 특성을 향상시키는 한편, STX조선해양에서는 개선된 전선의 물성 시험, 난연 시험, 내도료성 시험을 점검했다. 그 결과, 난연 시험의 경우에는 개선 전보다 타는 정도가 적어졌고, 내도료성 시험에서는 개선 전보다 약간 떨어지기는 했으나 규격 요구치를 만족시키는 결과를 얻었다. 제품 개선을 위한 공동의 노력을 통해 제품의 성능, 특히 난연 특성이 향상된 것이다.

중국 대련 공장에 공동투자
2011년 11월부터 생산

선박용 전선 신모델 개발에 성공한 STX조선해양과 TMC는 중국 대련에 공동투자 형식으로 공장도 세웠다. 같은 곳에 조선소를 운영하고 있는 STX조선해양으로서는 선박용 전선의 현지 조달을 통해 건조 일정을 단축하고 업무의 효율성을 높일 필요가 있었다. 그렇게 되면 물류비 절감도 가능하기 때문이다.

중국 대련 케이블 공장 조감도

TMC로서도 STX대련조선의 고정 매출 약 150억 원을 확보할 수 있고, 내수 생산을 통해 중국 내 다른 조선소에도 영업력을 강화할 수 있다는 이점이 있었다. 1만 4000평의 부지에 총 투자 비용이 160

억 원, 연간 생산량 2만 4000KM로 예상되는 대련 공장은 그렇게 세워졌고, 2011년 11월부터 생산에 들어갔다.

Fine route,
국제적 통용 제품으로 발전시킬 것

현재 FINE Route는 STX 건조 기지인 진해·부산·대련 조선소에서 건조하는 선박에 적용 중이다. 또 STX유럽(구 Aker Yards)의 선주사에 제품을 홍보하고 있어 가까운 미래에 적용이 예상되고 있다.

그러나 이에 안주하지 않고 정기적인 현장조사를 통해 작업자 및 사용자의 불편 및 요구 사항을 지속적으로 점검, 더욱 완벽한 제품으로 발전시켜 국제적 통용 제품으로 만들 계획이다.

아직도 선박의 주요 부품이나 기자재들은 수입을 하거나 외국 기술에 의존하고 있는 게 현실이다. 하지만 조선 1위 국가라는 위상에 걸맞게 우리가 개발한 제품이 우리 손을 거쳐 전 세계를 누비는 날이 올 때까지 대기업과 중소기업 사이의 협력과 상생의 노력을 계속할 것이다.

두산중공업
원가절감부터 생산성 향상까지 머리를 맞대고

두산중공업은 생산성 향상 프로그램을 통해서 협력회사의 생산성과 품질, 납기, 효율 측면에서
경쟁력을 높일 수 있도록 지원하고 있다. 협력사 내부의 낭비 요소를 제거함으로써
생산성 저하를 최소화하고, 다품종 소량 생산을 실현하기 위해 생산 시스템의
경직성을 제거하며, 불량의 주범인 생산 과정에서의 변동성을 최소화하는 것이다.

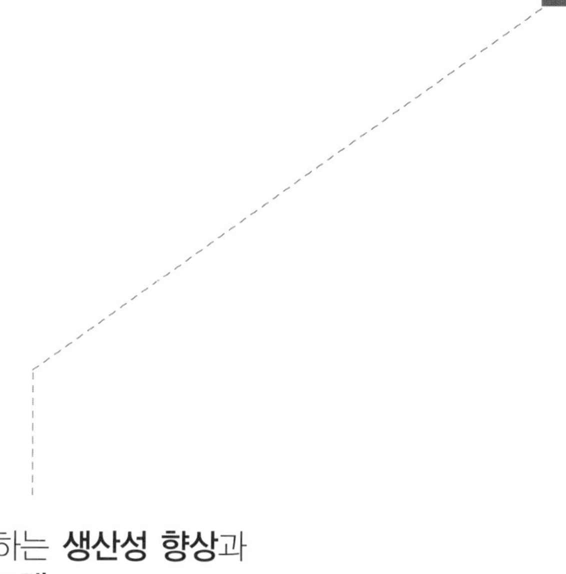

협력사와 함께하는 **생산성 향상**과 설계개선 프로그램

두산중공업은 대한민국을 대표하는 플랜트 전문 기업으로, 세계 30여 개 국가에 발전·Water 등 각종 플랜트 설비를 공급하며 세계 플랜트 사업을 선도하고 있다. 해수담수화 분야에서는 자타가 공인하는 세계 1위이며, 발전설비 분야에서도 글로벌 리더로 도약하고 있다.

두산중공업은 협력회사와의 '선순환적 파트너십' 체제 구축을 동반성장의 모토로 세우고 이를 위해 2011년부터 경쟁력 강화 지원, 재무 지원, 해외동반진출, 커뮤니케이션 강화 등 4개 영역에서 동반성장 프로그램을 추진하고 있다.

이 가운데 경쟁력 강화 지원 활동은 두산중공업이 지금까지 축적해 온 경영혁신 기법과 기술 역량을 협력사와 공유함으로써 세계적 수준의 경쟁력을 확보할 수 있도록 하는 프로그램이다.

특히 두산중공업은 과거 10여 년 동안 축적해온 기술 및 생산성 관련 혁신 노하우를 협력회사에 제공하고, 전문인력 양성을 지원하고 있다. 단순히 협력회사와 경쟁력을 공유하는 데 그치는 것이 아니라, 두산중공업 고유의 기술 및 품질경영 시스템을 협력회사에까지 확대하여 통합 운영함으로써 장기적 동반자 관계를 구축해 나가는 것이다.

두산중공업이 수주한 아랍에미리트 후자이라 해수담수화 플랜트 사업 현장.

두산중공업은 국내외 발전설비 및 해수담수화 플랜트 시장에서 해외 유수업체들과의 치열한 경쟁 속에 수주에 성공해야만 협력사에 일감을 줄 수 있는 수주 산업이란 특성이 있다. 그런 만큼 협력사의 역량 또한 세계적 수준이 되어야만 두산중공업과 협력사가 공생 발전할 수 있다. 동반자 관계가 다른 기업보다 더 중요한 이유이다.

이를 위해 두산중공업은 7대 분야(생산성 향상, 설계개선, 품질보증, 품질개선, 생산기술, 환경보건안전[EHS], 작업환경 개선)에 걸쳐 각 분야별 대상 업체를 선정했다. 이 중 설계개선과 생산성 향상 분야는 그동안 두산중공업과 함께 경영혁신 활동을 해온 외부의 전문 경영컨설팅 업체와 협업으로 진행하고 있다. 2011년 상반기에는 8개 협력회사와, 하반기에는 16개 협력회사와 프로그램을 진행했다.

협력사의 원가 및 기술 공개 우려 불식

두산중공업은 협력사 경쟁력 강화 프로그램을 시행하기에 앞서 2011년 1월 6일 100여 개 협력사를 초청하여 프로그램 설명회를 가졌다. 하지만 협력사의 이익은 그대로 두고 원가를 구성하고 있는 비용 중에서 절감이 가능한 비용을 찾아내어 이를 줄이도록 하기 위한 프로그램이라는 설명에 협력회사 대표나 중역들은 반신반의하며 선뜻 참여 의사를 밝히지 않았다. 이 프로그램이 시행되면 자사의 원가나 기술이 공개되는 것은 아닌지, 또 내부 문제가 드러나는 것은 아닌지 걱정되었기 때문이다.

1·2차 협력사 공정거래협약 및 공정거래 CP 도입 행사.

이에 두산중공업은 원가절감을 통해 낮아진 제조 원가를 견적에 반영해 수주 경쟁력을 높이기 위한 것임을 명확히 하면서, 설계개선을 전문으로 수행하는 컨설팅사를 통해 설계개선^{DTC : Design to Cost} 활동을 수행했다. 컨설팅사는 협력회사와 보안서약서를 작성해서 원가 자료 등 협력사의 영업 비밀에 해당하는 사항은 두산중공업에 공개하지 않는다는 것을 분명히 함으로써 협력사의 우려를 해소해 주었다.

이러한 과정을 거쳐 두산중공업은 2011년 3월부터 일정 수준 이상의 기술력을 보유한 전략적 협력사 중에서 자체 설계 역량과 인력을 갖추고 있는 업체들을 대상으로 DTC 컨설팅을 지원하고 있다. 2011년 3월부터 7월까지 실행된 1차 활동에서는 2개 회사가 참여했고, 2011년 8월부터 진행된 2차 활동에는 3개 협력사가 참여하고 있다.

또한 두산중공업은 생산성 향상 LM : Lena Manufacturing 프로그램을 통해서 협력회사의 생산성과 품질, 납기, 효율 측면에서 경쟁력을 높일 수 있도록 지원하고 있다.

생산성 향상 프로그램은 첫째 협력사 내부의 낭비 요소를 제거함으로써 생산성 저하를 최소화하고, 둘째 다품종 소량 생산을 실현하기 위해 생산 시스템의 경직성을 제거하며, 셋째 불량의 주범인 생산 과정에서의 변동성을 최소화하는 방향으로 진행하고 있다. 올해 상반기 1차 시행 때는 6개사가, 하반기 2차 시행 때는 13개사가 참여했다.

협력사의
자발적 참여 유도

두산중공업의 협력사 경쟁력 강화 프로그램은 막연한 비전을 제시하거나 맹목적인 혁신을 추진하는 것이 아니라 5개월 동안 달성 가능한 과제와 목표를 설정한다는 특징이 있다. 실질적인 성과를 거둔 경험이 조직 변화의 동인이 되도록 하기 위해서이다. 나아가 지속가능한 혁신과 성과를 위해 스스로 혁신 추진 체계를 구축하도록 한다.

생산성 향상 프로그램은 5주 동안의 진단 단계에서 인터뷰와 생

경쟁력 강화 지원 프로그램은 협력사의 경쟁력을 강화하기 위해 수립한 전략이다.

산현장 진단 등을 통해 문제를 분석한 다음, 이를 바탕으로 관계자 전원이 참석하는 과제 도출 워크숍을 통해 핵심 과제를 도출하고 프로젝트 목표를 설정한다. 이후 15주 동안은 목표를 달성하기 위해 개선 방향을 도출하기 위한 분석을 실시하고, 이를 바탕으로 개선 방향을 도출한 뒤 협력사 CEO의 의사결정을 거쳐 개선안을 확정하고 실행 계획을 수립한다.

설계개선 프로그램은 5주에 걸친 진단 단계에서 설계자유도, 개선가능성, 확대적용성 분석 등을 통해 원가절감 목표를 설정한 다음, 15주 동안 평균 100개 이상의 설계개선 아이디어를 도출하고 이 아이디어들이 설계에 실제로 반영될 수 있는 수준으로 발전시키도록 한다. 이 과정에서 프로젝트 경험과 교육을 통해 협력사는 원가 개념을 반영한 설계를 할 수 있는 역량을 갖추게 된다.

5개월 동안의 활동으로 모든 혁신 활동이 마무리되는 것은 아니다. 진단 단계에서 협력사의 경쟁력 강화를 위한 과제들을 도출하고, 앞으로의 추진 계획을 함께 수립, 혁신 활동이 지속적으로 이루어지도록 한다. DTC 활동을 하기 위해서는 제조원가를 면밀히 분석, 부품 그룹별로 설계자유도와 개선가능성 및 확대적용성을 파악하는 작업이 필요하다.

일반적으로 DTC 활동을 수행할 때 태스크포스팀 멤버는 풀타임으로 프로젝트에 참여해야 하지만, 중소기업 규모의 협력사들은 풀타임으로 인력을 배치할 여력이 없는 것이 현실이다. 게다가 개선 활동으로 발생하는 업무를 과외 업무로 인식하기 때문에 초기에는 아무래도 DTC 활동에 소극적인 경향이 있다. 하지만 DTC 활동을 해가면서 원가절감이 회사 발전의 원동력이 될 수 있다는 사실과 기존의 제안제도를 접목한 포상제도를 활용하여 전사적으로 동참 분위기를 이끌어낼 수 있었다.

또 한 가지 어려웠던 점은 DTC 활동의 부품별 원가 분석을 수행할 때 자료 부족으로 작성하는 데 시간이 많이 걸렸다는 것이다. 협력사는 재료비를 자체적으로 관리하고는 있지만, 가공비나 경비의 경우 부품 그룹별로 분류해서 관리를 하지 않고 있었다.

하지만 DTC 활동을 하면서 별도의 시간을 투입해 측정 분석을 한 결과 원가를 파악할 수 있게 되어 제품의 손익을 명확히 파악할 수 있었을 뿐만 아니라, 이를 바탕으로 문제점을 개선할 수 있었다.

협력사와의 **선순환적 파트너십** 추구

생산성 향상 프로그램을 협력사에 도입하기 위해서는 두산중공업과 전략적 협력사들 간의 선순환적 파트너십을 구축해야 한다는 공감대 형성이 무엇보다 중요하다.

그러나 프로그램 추진 초반에는 협력사에게 동반성장 추진의 당위성을 이해시키는 것부터가 어려웠다. 그 이유로는 첫째, 일반적으로 생산성 향상 활동에 대한 협력사 경영진의 부정적인 인식 때문이고, 둘째는 회사의 내부적 관리 문제를 공개한다는 것에 대한 우려, 셋째는 생산성 향상을 추진하는 모체가 자신들이 아닌 두산중공업임에 따라 앞으로 단가 인하 요구가 있을 수 있다는 불안감 때문이었다.

또 진단 단계에서 대부분의 협력사들은 자사의 시스템 부재, 관리 미흡, 생산 운영 노하우 부족 등이 고객사인 두산중공업에 공개될 경우, 이로 인해 향후 시스템 개선을 위한 신규 투자나 생산 효율화를 위한 관리 비용이 추가로 발생할 수도 있고, 또 회사의 치부가 드러남에 따라 물량 수주나 영업력이 약화되지 않을까 우려했다.

따라서 이러한 부정적인 인식을 동반성장을 위한 긍정적인 마인드로 바꾸는 작업이 무엇보다 필요했다. 이를 위해 두산중공업은 협력사의 관점에서 생산 시스템에 필요한 개선점 중에서 자체 자원과 역량을 최적화하여 비용 투자를 최소화하는 과제를 우선순위

두산중공업은 협력사와의 체계적인 의사소통을 위해 2011년 4월 200여 개의 협력사들로 이루어진 '두산중공업협력회'를 구성했다.

로 도출하고, 개선 방향성에서도 두산중공업의 방침이 아닌 협력사 스스로 생산성 향상을 통해 운영 효율을 높일 수 있는 방향으로 아이디어를 도출하는 데 집중했다.

더불어 협력사 자체 역량 강화를 통해 두산중공업이 세계시장에서 우위를 점함으로써 얻어지는 사업 확대가 협력사에 대한 외주 물량 확대로 이어진다는 것을 이해시키고, 협력사의 기존 생산 시스템을 개선하고 운영 방식을 개선하는 것이 협력사의 매출 증대와 제조원가 절감에 반영된다는 것을 인식하도록 했다.

그 결과 협력사의 내부 문제가 두산중공업에 공개되지 않을까 하는 우려와 생산성 향상 효과에 따른 성과 배분 문제에 대한 우려를 해소할 수 있었다.

5개월 활동으로
제조원가 10.5% 절감

경상남도 김해시 주촌면에 위치한 협력회사 FTE는 진공설비 분야에서 우수한 기술력을 보유하고 있는 중소기업으로, 두산중공업과의 거래가 전체 매출의 60%가량을 차지한다.

FTE는 DTC 활동을 통해서 제조원가의 10.5%를 절감할 수 있었다. 이는 FTE의 수익성 개선 및 수주 경쟁력으로 직결되었다. 기존에 해외 협력사가 제작하던 제품을 FTE가 공급하게 된 것이다. 원가가 경쟁력을 갖게 된 덕분이었다. DTC 활동을 통해 FTE는 스스로 혁신 활동을 수행할 수 있는 역량을 갖추게 된 것은 물론, 앞으로도 DTC 활동을 계속 진행함으로써 설계개선을 통한 원가 경쟁력을 확보해 나갈 계획이다.

생산성 향상 분야 또한 생산 정보 흐름을 재정립하여 데이터화함으로써 현상을 정량적으로 파악하고, 설비별 생산능력 측정 및 작업자의 대기/준비 시간을 파악함으로써 생산 과정에서 나타나는 병목 현황을 분석했다. 이를 통해 품질 불량 및 납기 여유 부족 등 비효율적인 요소를 찾아내 개선하는 성과를 거둘 수 있었다.

설비 효율 향상

두산중공업 발전설비에 쓰이는 대형 가공부품을 납품하고 있는 은광산업의 경우, 수주 확대를 위해 생산 설비를 추가로 증설하고 인원을 확충하기보다는 기존 설비의 생산 능력을 데이터 관리기법을 통해 정량화했다. 이를 기반으로 지그^{Jig} 교체 및 소재 고정 작업에 따른 설비가동 손실 발생 원인을 찾아내 추가 투자 없이 기존의 자원을 최적화함으로써 설비 가동률을 8% 이상 향상시키는 성과를 거두었다.

LOB$^{Line\ of\ Balance}$ 최적화로 병목 공정 개선

원자력 폐연료봉 처리기기에 적용되는 바스켓^{Basket}이라는 가공 부품을 생산하여 납품하는 재건정밀의 경우, 기존의 하루 생산량 기준으로는 정해진 납기 안에 가공을 완료할 수 없다는 문제가 있었다. 원자력 발전의 특성상 까다로운 가공공차관리 등의 품질 기준을 만족하기 위해서는 절삭 속도를 높이는 데 한계가 있기 때문이다.

따라서 바스켓 한 대 생산에 쓰이는 총 4대의 설비가 담당하고 있는 기존 공정 프로세스를 전체 공정 관점에서 세분화하고, 설비 특성 분석을 통해 단위 공정 분배시의 제약 조건과 가공 시간을 분석했다. 그리고 설비 특성에 최적화된 공정 프로세스를 수리계획법을 통해 재분배함으로써 병목 설비 공정 시간을 최소화하는 라인 밸런싱$^{Line\ Balancing}$ 조건을 도출했다. 그 결과 가공 소요 시간을 36% 수준까지 단축할 수 있었다.

핵심 성공 요인은
대기업과 협력사 간의 '신뢰'

DTC 활동은 협력사의 중요한 기밀이라고 할 수 있는 제품 설계 분야를 개선하는 활동을 말한다. 따라서 DTC 활동이 성공적으로 수행되기 위해서는 모기업과 협력사 간의 신뢰가 무엇보다 중요하다.

두산중공업은 원가 자료가 공개되지 않을까 우려하는 협력사를 안심시키기 위해 외부 컨설팅사를 통해 보안을 유지함으로써 DTC 활동을 수행할 수 있도록 했다. 또한 힘들게 제품을 개발하거나 설계를 개선해도 거래가 지속되지 않으면 협력사의 개선 의지가 꺾일 수밖에 없다는 점에서 제품 국산화에 성공한 협력사와는 장기 공급 계약을 체결, 안정적인 거래를 보장하고 있다.

한기선 사장이 협력사를 방문하여 애로사항을 경청하고 있다. 두산중공업은 동반성장추진팀을 사장실 직속으로 두어 동반성장 사항을 직접 챙기고 있다.

또한 생산성 향상 활동이 성공하기 위해서는 경영진과 생산현장을 포함한 전사적인 역량 집중이 필요하다.

이를 실현하기 위해서는 첫째, 협력사 경쟁력 강화 프로그램에 대한 정확한 이해와 신뢰 구축이 필수적이다. 대부분의 협력사 경영진은 초기에 경쟁력 강화 프로그램을 정확히 이해하고 신뢰를 보내는 경우가 드물다. 따라서 진단 과정을 통해 상호간에 정확한 이해와 신뢰를 구축하는 과정이 중요하다.

둘째, 진단 과정을 통해 신뢰가 쌓이고 프로젝트가 선정되면 전사의 역량을 집중해야 한다. 이러한 목적을 달성하기 위해서는 일과 혁신이 하나가 되도록 생산현장까지 포함한 협의를 거쳐 프로젝트를 선정해야 한다.

셋째, 협력사 운영 혁신 활동이 자체적으로 수행되어 계속해서 경쟁 우위를 가지려면 혁신에 대한 인식의 변화를 통해 혁신 역량을 구축해야 한다. 이를 위해서는 적합한 프로젝트 범위와 목표를 설정함으로써 프로젝트 기간 내에 혁신 활동의 성과를 체험할 수 있게 해 운영 혁신의 효과를 스스로 느끼게 하고 스스로 운영 능력을 배양하게 하는 것이 중요하다.

이러한 협력사 경쟁력 강화 지원 활동이 진단 단계에서부터 기획되어 약 5개월 동안 실행되면 협력사 스스로 성장할 수 있는 토대를 만들게 되는 것은 물론, 중장기적으로는 협력사의 성장이 두산중공업 공급망 Supply Chain 전체의 경쟁력 향상으로 이어질 수 있다.

공정한 대한민국을 만들기 위한 동반성장지수

동반성장위원회
Commission on Shared Growth for Large and Small Companies

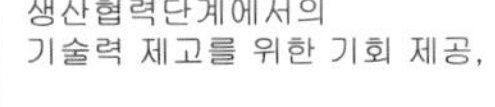

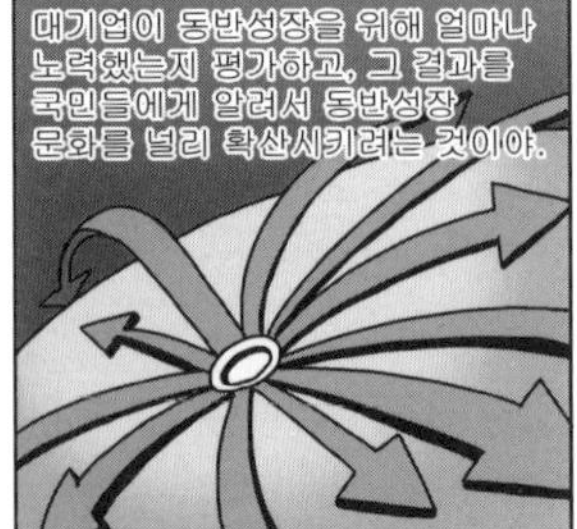

08

SK텔레콤

기술 공동 개발로
토종 솔루션 시장 개척

대기업이 필요로 하는 기술개발 욕구를 중소기업의 기술개발 역량이 충족시켜 주는,
일반적이고 통상적인 비즈니스의 시작이었지만, 이를 통해 개발된 기술의 성과는
두 회사가 서로 신뢰를 쌓는 계기가 되었다.

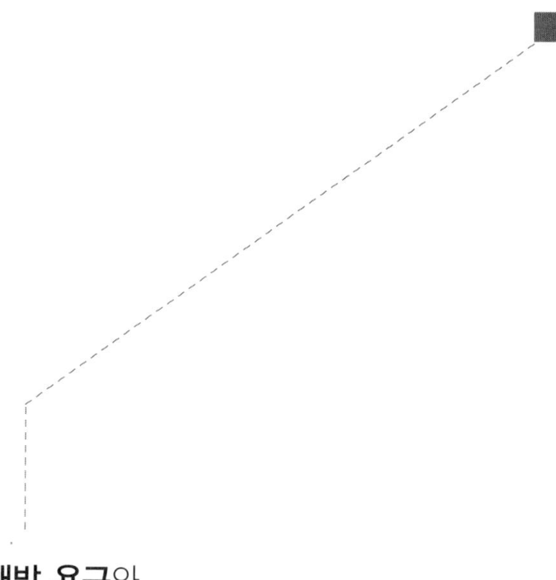

대기업의 기술개발 욕구와
중소기업의 기술 역량이 만나다

SK텔레콤과 디지캡이 처음 인연을 맺은 것은 지난 2002년. 당시 SK텔레콤은 벨소리와 게임 콘텐츠 저작권 보호 기술이 필요했다. 이때 DRM^{Digital Rights Management}, 즉 디지털 저작권 관리를 위한 무선 솔루션을 개발하고 공급을 맡은 회사가 바로 디지캡이었다.

DRM은 콘텐츠 제공자의 권리와 이익을 안전하게 보호하는 데 없어서는 안 될 기술로, 불법 복제를 막고 사용료 부과와 결제 대행 등 콘텐츠의 생성에서 유통·관리까지 일괄적으로 지원한다. 온라인 콘텐츠가 유료화되면서 더욱 중요하게 떠올라 미국 MIT에서 미래 10대 핵심 정보 기술로 선정될 만큼 유망한 사업이다.

당시 SK텔레콤은 벨소리와 게임 콘텐츠에 이어 다른 영역의 콘텐츠를 포함하는 통합 DRM 공급 계약을 디지캡과 체결했다. 현재 SK플래닛의 자회사인 로엔엔터테인먼트가 관리하는 멜론 음원 서비스의 DRM 기술의 성공적 개발이 이루어진 것도 바로 이때다.

이는 대기업이 필요로 하는 기술개발 욕구를 중소기업의 기술개발 역량이 충족시켜 주는, 일반적이고 통상적인 비즈니스의 시작이었지만, 이를 통해 개발된 기술의 성과는 두 회사가 서로 신뢰를 쌓는 계기가 되었다.

비싼 로열티에도 기술지원 안 되는 외산 솔루션

2004년 SK텔레콤은 당시 TU미디어라는 자회사를 통해 위성DMB 방송 사업 준비에 들어갔다. 위성DMB 방송 서비스를 위해서는 CAS Conditional Access System 라고 부르는 수신제한시스템이 반드시 필요했다. CAS란 위성 디지털 방송이나 지상 디지털 방송에 필요한 기술로 유료방송에 가입한 뒤 일정 비용을 지불하는 사람만 특정 콘텐츠에 접근할 수 있도록 지원하는 시스템이나 솔루션을 말한다.

하지만 국내에서는 이러한 기술을 보유하고 있는 사업자가 없어 네덜란드 회사인 'Irdeto Access'로부터 CAS 솔루션을 공급받아야 했다.

CAS 솔루션은 위성DMB 방송 수신이 가능한 단말기Device에 칩 Chip Type이나 스마트카드Smartcard Type, 심SIM Type 또는 소프트웨어

S/W Type 등 다양한 형태의 CAS 클라이언트 모듈이 탑재된다. 이렇게 CAS 클라이언트 모듈이 탑재된 단말기 CAS 사업자에게는 단말기당 로열티를 지불해야 하는데, 그 비용이 매우 높게 책정되어 있었다. 또 CAS 기술은 방송을 대상으로 하는 것이다 보니 사고가 날 위험성이 있었다. 여기에 솔루션 수정 요청을 하면 그 요구가 받아들여지고 적용되어 들어오기까지 평균 10개월에서 1년 정도 걸려 불편이 이만저만 아니었다.

따라서 이용자인 SK텔레콤으로서는 비싼 로열티를 지불하면서도 기술지원은 안 되는 불합리함과 어려움이 있었다. SK텔레콤은 "이 상태로는 도저히 안 되겠다"는 결론을 내렸다.

위성DMB 방송 서비스의 장기적 성장과 발전을 위해서는 어떻게 해서든 이런 상황에서 벗어나야 했다. SK텔레콤의 고민이 깊어졌다. 이때 떠오른 곳이 음원 DRM 솔루션 개발을 성공적으로 수행한 디지캡이었다. 콘텐츠 보안 솔루션이라는 유사한 성격을 감안한다면 위성DMB 서비스를 위한 모바일 CAS 솔루션 개발도 못할 리 없을 듯싶었다.

그 길로 SK텔레콤은 디지캡에 모바일 CAS 솔루션 개발을 제안했다. 그리고 약 2년 동안 기술지원을 아끼지 않았다. SK텔레콤의 전략기술부문, TU미디어의 방송기술본부, 디지캡의 기술연구소 인력도 바로 투입했다.

목표는 단 하나. CAS 기술의 국산화, '우리가 한번 만들어 보자'는 것이었다. 2007년 초 마침내 국내 최초로 모바일 CAS 기술 상용

화에 성공했다. 그 첫 성과물이 바로 위성DMB용 모바일 CAS 기술
이 탑재된 삼성전자의 '릴리폰'이다.

이는 외산 솔루션 일색이었던 CAS 부분에서 협력사와의 공동 기
술개발로 100% 국산화를 달성한 것으로, 이후 외산 솔루션이 탑재
된 단말기 대신 국산 CAS 솔루션이 탑재된 단말기로 전환되는 놀라
운 성과를 이끌어냈다.

100% 국산 솔루션 개발로
기술 종속성에서 벗어나다

어떤 서비스의 핵심 기술을 외산에 의존하는 것은 '기술 종속성'
이라는 위험에 노출될 수밖에 없다. 그러나 기존 시장에서 국산 솔
루션은 상용화된 경험이 없기 때문에 새로운 것을 시도하기에는
어려움이 많았다. 실제로 CAS 기술이 국산화에 성공했다지만 방송
사들은 검증되지 않은 솔루션 사용을 꺼렸다. 방송 시스템이나 솔
루션 시장의 보수적인 성향 때문이다.

그래서 여전히 오랜 기간 외국에서 사용하고 있고 지금도 사용
하고 있는 외산 솔루션이나 시스템을 사용하는 경향이 있다. 방송
에서 검증되지 않은 솔루션이나 시스템은 곧 모험이나 무모함과도
통하는 말이기에 이해 못할 바는 아니다.

하지만 디지캡과 SK텔레콤이 공동개발한 모바일 CAS 기술은
SK텔레콤의 'TU미디어'라는 모바일 방송에 직접 적용해 볼 수 있

디지캡의 CAS 센터.

는 기회가 있었다. 그 결과 새로 개발한 국산 솔루션이 안정적이고 우수하다는 것을 입증할 수 있었다. 이에 따라 기존 방송 영역을 장악한 외산 CAS 솔루션을 국산으로 대체하고, 위성DMB 사업자인 SK텔레콤이 CAS 상용화에 성공하면서 기존의 외산 CAS 대비 보안성과 대역폭이 40% 이상 절감되어 기술력도 검증받을 수 있었다.

디지캡과 공동으로 개발한 모바일 CAS 기술 국산화는 아무것도 모르는 상태에서 이루어진 것이므로 두 회사 간의 협력이 더욱 의미 깊다고 말할 수 있다. 두 회사는 정보수집부터 아이디어를 도출하고 설계하고 검증하는 모든 단계를 한 팀이 되어 진행시켜 나갔다. 해당 프로젝트를 수행하기 위해 두 회사에서 모인 20여 명의 인력은 사무실을 얻어 이동시간을 줄이면서 기술개발에 매달렸다. 그 과정에서 어려움도 많았고 갈등도 있었지만 프로젝트의 중요성을 공감한 두 회사의 배려와 도전정신은 결국 CAS 기술 개발 및 상용화로 이끌었다.

기술개발을 총괄했던 디지캡의 김민용 사업개발총괄상무는 그때의 기억을 이렇게 전한다.

"사실 싸우기도 많이 싸웠어요. 보통 SK텔레콤의 매니저가 일인당 3~4개의 프로젝트를 담당하는 것으로 알고 있는데 이번 건만은 유일하게 두 명의 매니저가 전담할 정도로 프로젝트의 규모를 크게 인식해 주셨기 때문에 SK텔레콤 매니저 분들과 함께 개발에만 집중할 수 있어 좋았습니다."

SK텔레콤, 디지캡에 기술이전

CAS 기술 개발로 디지캡은 매출이 50% 신장되는 성과도 거두었지만, 본질적으로 새로운 사업 영역이 구축될 정도로 회사의 규모와 조직이 커졌다. 기존에는 DRM 사업부를 통해 DRM 사업만 했지만 CAS 솔루션 개발로 새로운 사업군이 만들어진 것이다. 디지캡은 30여 명으로 새롭게 CAS 사업팀을 꾸리고 영업 인력도 배치했다.

나아가 디지캡은 외산 솔루션과 경쟁력에서 결코 뒤지지 않는 이 솔루션을 모바일 방송뿐만 아니라 국내 다른 케이블 방송 사업자, IP-TV/VOD 방송 사업자, 그리고 관련 있는 해외 방송 사업자에게도 팔 수 있다는 자신감이 생기면서 새로운 시장을 겨냥하기에 이르렀다.

이에 SK텔레콤은 '기술이전'이라는 형태로 디지캡이 독자적으로 사업을 할 수 있도록 뒷받침해 주었다. 지금까지 통상적인 관례에 따르면 대기업의 투자를 통해 개발된 기술의 소유권 및 사용권은 대기업에 귀속되는 게 일반적이지만 디지캡에 기술을 이전해 준 것이다. 디지캡이 새로운 성장 시장으로 예상한 케이블 방송이나 그 밖의 해외 방송으로 진출할 수 있도록 돕기 위해서였다.

그에 힘입어 디지캡은 기존 모바일 방송 환경에 적합하게 개발된 CAS 솔루션을 유선방송 환경에 적합한 CAS 솔루션으로 확장하는 개발을 무리 없이 진행할 수 있었다.

2008년 마침내 디지캡은 디지털 케이블 또는 IP-TV와 같은 유선 방송 및 양방향 서비스가 가능한 CAS 솔루션을 개발하는 데 성공했다. 그리고 SK텔레콤이 양해한 기술이전에 힘입어 국내 CAS 솔루션 개발사로는 최초로 지역 케이블 방송사인 CNM에 CAS 솔루션을 공급했다.

당시 디지털 케이블 사업자인 MSO(T-Broad, CJ HelloVision, CNM, CMB, HCN, GS강남방송)들은 NDS, 나그라비전, Conax 등과 같은 외산 CAS 솔루션을 사용하고 있어서 솔루션 개발 이전의 SK텔레콤

위성DMB 서비스와 마찬가지로 외국에 매우 비싼 로열티를 지불하고 있었다.

그러나 이들도 국산 기술의 안정성과 확장성을 높이 평가하게 되면서 국산 CAS 솔루션을 도입하게 되었다. 현재는 CNM을 비롯해 CMB, 아름방송, 강원방송, 신라방송, 포항방송 등이 디지캡으로부터 CAS 솔루션을 공급받아 상용 서비스를 하고 있다.

또한 2008년 SK텔레콤의 요청으로 IP-TV에 맞는 CAS를 개발, SK브로드밴드 미디어에 공급함으로써 현재 상용 서비스가 진행 중에 있다. 또 2009년에는 SK텔레콤이 진행한 DMB 2.0 프로젝트에 참여해 KBS, MBC, SBS, YTN, KDMB, U1과 같은 지상파 DMB 방송 사업자에게도 CAS 솔루션을 공급하고 있다.

이렇게 디지캡은 SK텔레콤과의 협력을 통해 모바일 방송(위성 DMB, 지상파 DMB), 디지털 케이블 방송, IP-TV 방송 환경에 적합한 CAS 솔루션을 확보하게 되었다. 이러한 기술 개발로 외산 솔루션만 사용하던 국내 방송사에 국산 솔루션을 공급하게 된 것만도 가슴 뿌듯한 일이지만, 해외 사업자들에게도 이 솔루션을 공급하게 된 것은 더 의미 있는 성과요 큰 보람이라 할 수 있다.

동반성장의 성과,
유럽과 동남아로 수출되는 우리 기술

디지캡은 지난 2010년 유럽 DMB 방송 연합체인 IDAG International

DMB Advancement Group에 자사가 개발한 CAS 솔루션을 제안, 기술평가를 통해 당당히 기술력을 인정받아 국산 CAS 솔루션을 공급하는 성과를 거두었다. IDAG는 유럽 12개 국가의 16개 사업자가 참여하는 조직으로 앞으로 DMB 서비스가 활성화될 경우 많은 로열티 수익이 예상된다. 현재는 네덜란드 MTVNL와 노르웨이 MNTV 사업자가 상용화 준비를 마친 상태로, 2012년 상용 런칭을 앞두고 있다. 뿐만 아니라 동남아시아 국가인 말레이시아의 방송사업자인 Asia Media와도 공급 계약을 체결, 2012년 상용 서비스를 준비하고 있다.

SK텔레콤은 디지캡의 이러한 사업 확장을 지원하기 위해 2010년 자사가 보유한 특허를 디지캡이 공동으로 사용할 수 있도록 한 데 이어, 2011년 SK텔레콤의 투자로 진행된 해당 솔루션에 대한 소

디지캡의 기술진들.

유권 및 특허도 공동으로 소유할 수 있도록 했다. 그로 인해 디지캡은 경쟁사나 발주사로부터 "왜 SK텔레콤의 특허 기술을 가지고 영업을 하느냐"는 식의 이의제기로부터 자유로워질 수 있었다. 이처럼 SK텔레콤은 디지캡이 국내 및 해외에서 명실상부한 CAS 솔루션 사업자로 성장할 수 있도록 지원을 아끼지 않고 있다.

2000년 설립 당시 5억 원의 자본금으로 출발한 디지캡은 2007년 자본금 15억 7천만 원에 67억 원의 매출을 달성한 데 이어, 2010년에는 78억 원의 매출을 기록할 정도로 눈부신 발전을 해왔다. 2004년 16명에 지나지 않았던 직원 수도 연구 인력의 급증으로 60명이 넘는 중소기업 수준으로 성장했다.

"중소기업이 기술개발에 투자하기란 쉬운 일이 아닙니다. 개발 성공 여부는 물론 기술의 상용화까지 아무것도 보장할 수 없는 환경이기 때문입니다. 따라서 기술개발에 대한 정부와 대기업들의 투자는 큰 힘이자, 적극적인 개발 동기가 될 수 있습니다. 새로운 기술개발 지원 체제가 많이 늘어나서 더 좋은 사례들을 많이 만날 수 있으면 좋겠습니다."

디지캡의 김민용 사업개발총괄상무의 말은 정부와 중소기업, 또는 대기업과 중소기업의 공생과 상생이 왜 중요한지를 말해주고 있어 여운이 길다.

협력사와의 해외 공동마케팅
'Booth in Booth'

SK텔레콤은 GSMA^{Global System for Mobile Communications Association}(세계
이동통신사업자협회)의 회원으로, 매년 2월 스페인에서 열리는
'Mobile World Congress' 전시회에 80부스 이상의 규모로 자사가
보유한 기술과 미래 발전 방향을 홍보하고 있다. 이 전시는 일반적
인 B2C 형태의 관람 성격이 아니라, B2B 네트워킹과 실제로 사고
파는 의사결정이 일어나는 전시회의 성격이 강하다. 따라서 전략
적인 제품과 서비스의 출품은 해외 마케팅의 성과로 즉시 연결될
수 있다는 장점이 있다.

2011년 MWC 전시회에 참가한 SK텔레콤의 부스.

이 장점을 활용하여 SK텔레콤은 지난 2009년부터 전시 콘셉트와 연관된 핵심 기술을 보유한 협력사와 함께 해당 전시회에 참가하는 아이디어를 실행해 왔다. 2010년에도 3개 협력사와 함께 SK텔레콤 부스 안에 별도의 파트너 부스를 설치, 협력사가 보유한 핵심 역량을 세계에 선보일 수 있는 기회를 제공했다. 이름 있는 전시회일수록 중소기업이 별도로 설치한 작은 부스보다 SK텔레콤처럼 브랜드 파워가 있는 부스에서 판매할 경우, 효과 면에서 엄청난 차이가 있기 때문이다.

SK텔레콤 부스 내에 있는 유비벨록스 부스.

사실 2010년 시도한 협력사와의 'Booth in Booth' 형태의 해외 공동 마케팅은 SK텔레콤도 생각지 못했을 정도로 협력사에 뜻밖의 성과를 가져다주었다. 이 점에 착안해 SK텔레콤은 2011년에는 함께 전시회에 갈 협력사를 선정하는 데 심혈을 기울였다.

먼저 모든 계열사에 SK텔레콤 전시관의 콘셉트와 기술을 알리고, 이와 연관된 핵심 기술을 보유한 협력사를 실제 사업 부서를 통해 추천받았다. 그리고 후보 협력사들에게 실제 출품 가능한 제품이나 서비스를 받은 후, 관련 부서의 평가를 진행했다. 이렇게 해서 2011년에 뽑힌 협력사가 '유비벨록스'와 중계기 개발 및 생산 협력사인 'CS'이다.

유비벨록스는 2000년에 설립한 모바일 플랫폼 및 스마트카드 솔루션 개발 업체로, 최근 NFC 관련 솔루션과 스마트 금융, 스마트카 등을 통해 SK텔레콤뿐만 아니라 자체 사업 영역 또한 확장되고 있는 우수 코스닥 상장사이다. 최근 SK텔레콤과 함께한 프로젝트들만 보아도 이 회사의 역량을 가늠할 수 있다.

- T스토어 유지보수 및 관련 서비스(VOD 보관함, 프리존, Navi 등) 개발 공급
- T스토어 해외향(대만·일본향) 개발 공급
- 생활/위치 애플리케이션 공급
- 스마트 청구서 고도화, 통합 스마트 청구서 기획 및 설계
- MIV^{Mobile in Vehicle} 플랫폼 개발 및 중국 유수 자동차 데모^{Demo} 진행
- NFC Tag 서비스 및 게이트웨이 서버 구축

- 기타 해외 소프트웨어 개발 회사
들에 서비스 공급

유비벨록스는 자신들이 가진 역량과 제품 홍보를 통해 글로벌 시장에 진입하기 위한 발판을 스스로 만들었다. ICT 산업의 시장이라는 관점에서 콘텐츠를 보유하고 있거나 마켓플레이스Marketplace를 구축하고 싶은 업체에게 T스토어와 같은 판매 솔루션Store solution 을 공급하고, 또 회사가 보유하고 있는 일루미너스 태블릿 단말기Illuminus Tablet Device를 가지고 B2B 형태의 차별화된 기능 및 서비스를 탑재한 태블릿을 공급한다는 두 가지 콘셉트에 초점을 맞춰 전시회에 나가기로 결정한 것이다.

물론 SK텔레콤과 함께 동일한 전시 콘셉트를 유지하면서 제품과 서비스를 시연하기란 말처럼 쉬운 일은 아니었다. 20여 개의 다양한 서비스를 M-브로슈어로 제작할 때, 서로 이해도가 달라 담고자 하는 내용에 대한 협의와 디자인 작업 등에서 어려움이 많았다.

하지만 서비스의 특장점을 극대화할 수 있는 부분에 초점을 맞추어 진행하기로 합의하고, 끝까지 방향성을 잃지 않은 덕분에 짧은 시간 안에 완성도 높은 시나리오를 브로슈어로 제작할 수 있었다.

최초 두 가지 방향에 초점을 맞춘 유비벨록스는 여기에 M-브로슈어라는 서비스를 추가하여 유비벨록스의 태블릿을 통해 SK텔레콤 전시 서비스에 대한 브로슈어를 볼 수 있게 하고, 관련 내용을 이메일로 전송하는 한편, 전시 내용에 대한 문의나 소감을 남길 수 있는 방명록을 제공하는 등 재미있는 아이디어를 선보였다.

유비벨록스가 선보인 태클릿 PC는 유럽의 메이저 ICT 사업자들로부터 납품 요청이 들어오는가 하면, 해당 태클릿에 탑재된 솔루션은 일본의 유명한 인터넷, 전자상거래 소프트웨어 개발사나 스위스의 디지털 멀티미디어 서비스 공급사 등으로부터 개발 요청이 들어왔다. 또한 구글로부터 관련 기술에 대한 제안서를 내달라는 요청이 왔으며, 스마트카 솔루션 또한 중국 자동차 회사로부터 데모 진행을 해달라는 요청을 해왔다.

2011년 전시에 함께 참여한 유비벨록스 담당자들은 Mobile World Congress뿐 아니라 SK텔레콤이 참여하는 규모 있는 전시회에 앞으로도 계속 참여하기를 원한다. 또 SK텔레콤측에서 공동 참여 업체를 선정하는 과정과 기준을 공식화한다면 참여하고 싶은 협력사들도 이 기회를 얻기 위해 노력을 아끼지 않을 것이라고 입을 모은다. 유비벨록스의 조주희 이사는 SK텔레콤과 함께 한 전시 공동 마케팅에 대해 이렇게 평가한다.

"SK텔레콤에 공급하는 다양한 서비스를 개발하면서 당사에 쌓인 기술력과 노하우를 전시를 통해 함께 나눌 수 있었고, 가장 가까이에서 고객의 소리를 들을 수 있는 뜻 깊은 자리였습니다. 앞으로 SK텔레콤과 함께 모바일 시장을 선도하고, 나아가 새로운 경험을 창조할 수 있다는 자신감을 얻을 수 있었습니다."

유비벨록스의 2010년 매출 규모는 약 800억 원. 이 중 SK텔레콤과의 협업으로 달성한 매출이 200억 원 정도다. 직원 수만 해도 370명이 넘는다. 유비벨록스의 이흥복 대표이사가 생각하는 유비벨록스의 미래에도 희망과 도전정신이 넘친다.

"교육이나 미디어, 방송통신 등 많은 산업 영역에서 새로운 스마트 변화가 일어날 겁니다. 내년이나 내후년이 되면 스마트 러닝, 스마트 워크, 미디어 쪽이 4세대 이동통신인 LTE와 태블릿 PC 붐과 결합되면서 미디어 혁명으로 번질 것으로 보입니다. 소프트웨어만을 통해서 고객들에게 가치를 전달하는 데에는 지금까지 해왔던 세트 플랫폼으로 부족한 점이 있어 하드웨어를 같이 공급하는 게 우리의 전략입니다. 현실에 안주하고픈 유혹도 있지만 우리는 늘 새로운 것을 찾아서 도전을 해왔습니다. 때로는 성공도 하고 실패도 했지만 10년 넘게 단 한 번도 예외 없이 매년 30% 성장해 왔습니다. 그것이 우리가 갖고 있는 가장 큰 매력이라고 생각합니다. 이 과정에서 SK텔레콤과의 협업은 유비벨록스의 성장을 이야기할 때 절대로 빠질 수 없는 핵심입니다."

함께사는 산업생태계 조성을 위한 중소기업적합업종선정

동반성장위원회

09

삼성전자

삼성 경쟁력, 협력사와 함께 만들었다

삼성과 직접 거래하는 1차 협력사뿐만 아니라 그들과 거래하는 2·3차 협력사까지 포함한다면
삼성을 매개로 한 협력사의 규모를 심작하기 어려울 정도다. 협력사의 경쟁력이 곧
삼성의 경쟁력으로 이어진다는 굳은 신념이 협력사와의 상생을 견인하고 있는 것이다.

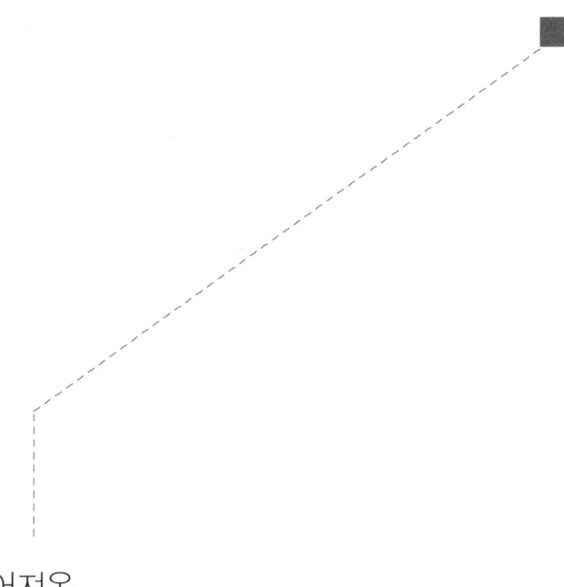

20년 동안 이어져온
삼성의 '상생 경영'

"대기업과 중소기업 사이에 동반성장이나 상생이 강조되지만, 나는 20년 전부터 이 얘기를 해왔어요. 그건 대기업이나 중소기업만을 위한 것이 아니고 우리 경제의 근간을 위해서도 꼭 필요한 일입니다."

2011년 새해가 시작되는 신년하례식 행사에서 기자들을 만난 이건희 회장은 "올해 경영 분야의 중점 목표 중 하나가 상생협력"이라며 이같이 덧붙였다. 대기업이 성장하기 위해서는 중소기업과의 협력이 무엇보다도 중요하지만 이를 제대로 실행하고 있는 곳은 많지 않다는 사실을 지적한 것이기도 하고, 삼성의 경우는 정부

의 권유가 아니더라도 이미 20여 년 동안 실행해 오고 있다는 자신
감과 자부심의 표현이었다.

실제로 이 회장은 1987년 회장에 취임한 이후 '신경영'을 선언하
면서 '구매의 예술화'를 강조했다. 특히 삼성전자의 경우, 양산 체
제를 갖춘 조립업이기 때문에 협력사가 경쟁력이 없으면 절대 살
아남을 수 없다는 점을 강조하고, 틈날 때마다 이를 강조해 온 터라
이날의 발언이 그리 새삼스러운 것은 아니었다.

세계 일류 기업답게 삼성의 상생협력 프로그램은 가히 전 부분
에 걸쳐 포괄적이고, 협력사들에게 당장 도움을 줄 수 있을 정도로
구체적이다. 협력사 임직원의 역량 강화를 위한 교육만 해도 직무
교육, 기술 교육, 경영관리 교육, 혁신기법 교육 등 45개 과정이 있
고, 교육에 필요한 경비도 모두 삼성이 지원한다. 임원급으로 구성
된 '경영자문단'도 운영하고, '협력사 지원펀드'를 조성해 교육은
물론 현장개선, 자금지원 등을 아끼지 않는다. 심지어 중소기업 오
너들의 체계적인 후계자 수업을 위해 협력사 대표 자녀들을 대상
으로 '미래경영자과정'을 운영하기도 한다.

협력사가 아닌
사업 파트너라는 인식이 중요

삼성이 무엇보다도 중점을 두는 상생 프로그램은 '기술협력'을 강
화하는 것이다. 그 대표적인 예가 '혁신기술기업협의회'의 운영.

삼성과의 거래 유무에 관계없이 핵심 기술과 아이디어만 있으면 참가를 신청할 수 있고, 여기에 선정되면 삼성과 공동개발 형식으로 새로운 사업을 할 수 있게 된다는 점이 매력적이다.

이미 2010년에 24개 회사가 선정되어 활동했고, 참가 회사들은 전년 대비 62%의 매출 신장을 보였다. 특히 삼성과 거래가 없는 회사도 14개사 참여했는데, 이들 중 6개사는 자신들이 보유한 신기술이 삼성전자의 신제품에 적용됨으로써 1차 협력사로 등록되기까지 했다.

이러한 성과에 고무되어 삼성전자는 2011년에는 혁신기술기업협의회에 참가할 회사를 31개로 늘려 출범시켰다.

이런 일련의 노력들이 삼성은 물론 협력사들까지도 일류로 만든 원동력인 셈이다. 말이 협력사지 삼성에 직접 납품을 하는 1차 협력사 중에는 매출이 조 단위를 기록하는 곳도 있고, 코스닥에 상장되어 주식의 현재가가 수십만 원 하는 곳도 있다.

삼성과 직접 거래하는 1차 협력사뿐만 아니라 그들과 거래하는 2·3차 협력사까지 포함한다면 삼성을 매개로 한 협력사의 규모를 짐작하기 어려울 정도다. 협력사의 경쟁력이 곧 삼성의 경쟁력으로 이어진다는 굳은 신념이 협력사와의 상생을 견인하고 있는 것이다.

반도체 설비업체 원익IPS,
삼성과 공동개발로 장비 국산화 성공

반도체 제조용 설비 제작업체 원익IPS는 1991년 가스캐비닛 제조 업체로 출발해 2001년 반도체 웨이퍼 가공 공정 장비인 CVD^{Chemical Vapor Deposition}(화학증착공정) 제조에 뛰어들어 국내 최초로 국산화에 성공했다. 이를 바탕으로 지난 2002년 삼성과 협력 관계를 맺었다.

원익IPS는 인력과 기술력의 부족으로 2006년 한때 위기를 맞기도 했다. 그러나 바로 그 무렵, 삼성과 새로운 협력 플랜을 세우게 되면서 위기에서 벗어날 수 있었다.

당시 삼성전자의 엔지니어들과 원익IPS 직원들이 한자리에 모였다. 엔지니어들은 설비 가동률을 비롯해 단위 시간당 생산율과 품질 균질성 등에 대해 다각도로 분석하고, 그 원인과 처방을 원익IPS측에 피드백해 주었다. 실제 공정 과정에서는 조금씩 차이가 나는 경우가 있었던 것이다.

원익IPS는 삼성의 이런 피드백에 맞춰 CVD의 품질을 개선해 나갔다. 이러한 과정을 CIP^{Continuous Improvement Program}라 부르는데, 이런 노력 끝에 마침내 CVD 국산화에 성공할 수 있었다.

그 결과 2002년에 31억 원이던 매출이 2006년부터 CVD 단일 설비만으로도 연 300~400억 원을 달성하는 큰 성과를 거두면서, 위기에 처했던 회사는 다시 제자리를 잡을 수 있었다. 삼성과 원익

IPS는 이 CIP를 통해 동반성장의 근간
을 다질 수 있었다.

　사실 반도체 장비의 경우, 중소
기업 혼자만의 힘으로 신규 장비를
개발하기가 쉽지 않다. 장비 하나의
가격이 최소한 30억 원쯤 하는 데다 워
낙 기술 변화 속도가 빠르다 보니 장비 테

원익IPS의 AKRA

스트나 피드백을 받을 만한 곳이 마땅치 않기 때문이다. 또 고급 인
력을 확보하기도 쉽지 않고, 장비가 제대로 만들어지고 있는지, 완
성된 제품은 제대로 작동하는지 중소기업이 독자적으로 평가하기
에는 부담이 클 수밖에 없다.

　따라서 이런 사업의 경우, 대기업과 중소기업 사이의 협업이 무
엇보다 중요하다. 원익IPS에게 삼성은 바로 그런 역할을 해주는 존
재였다.

　국내 최초의 반도체 웨이퍼 가공 공정 국산화 장비인 CVD 개발
이후, 원익IPS는 삼성과의 긴밀한 공조 속에 2006년부터 진행해 온
새 모델 SP를 2008년 시장에 선보였다. 이 새로운 CVD는 그야말로
대박이 났다. 2009년 770억 원, 2010년에는 1300억 원의 매출을 올
린 것이다. 단일 설비로 이 같은 매출을 올린 예는 아주 드물다.

　이처럼 중소기업인 원익IPS가 기술력을 인정받을 수 있었던 원
천에는 삼성과의 공동개발 협력이 큰 힘이 되었다. 원익IPS가 2011
년 삼성전자의 동반성장 우수사례 발표회에서 은상을 받을 수 있

었던 것도 바로 이런 사례가 뒷받침되었기 때문이다.

"최근 들어 국내 대기업들이 국산 장비나 설비를 많이 구입하는 경향이 있는데, 중소기업으로서는 참으로 반갑고 고마운 일입니다. 대기업에서 사용하는 설비 한 대당 50개의 중소기업이 먹고살 수 있으니까요. 이런 흐름이 유지되면 우리 중소기업들의 기술력은 더 발전할 것이고 그만큼 더 축적될 겁니다."

지난 10년 동안 삼성과의 상생협력을 담당하고 있는 원익IPS 김형영 전무의 말은 대기업과 중소기업의 동반성장이 얼마나 중요한지를 잘 말해 주고 있다. 동반성장과 상생협력이 중요한 것은 단지 관계를 맺고 있는 두 기업뿐 아니라 바로 우리 국가 경제의 미래를 위한 투자요 디딤돌이기 때문이다.

신소재부터 제품 개발까지 머리 맞댄 신흥정밀

경기도 안성에 있는 신흥정밀은 삼성에 금속 프레스물을 납품하는 협력사다. 삼성과 신흥정밀의 인연은 1972년이 시작이니까 햇수로는 40년 되었다. 1968년 신흥공업사로 문을 연 신흥정밀은 TV·냉장고·세탁기 등 가전제품의 금형과 부품을 전문적으로 생산해 온 회사로, 현재 생산 제품의 90%를 삼성에 납품하고 있다. 사업 초반에는 흑백TV를 비롯해 오디오·비디오 등의 부품만을 공급했으나, 1990년이 지나면서부터 디스플레이 사업에도 진출했다. 현

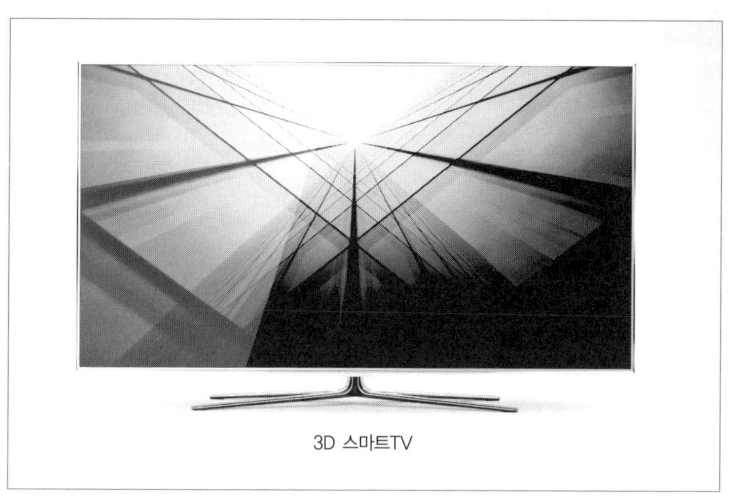

3D 스마트TV

재 생산하는 대표적인 제품은 초정밀 프레스 금형 가공을 이용해 만든 TV 프레임.

2011년 초, 신흥정밀은 플라스틱 일색이던 그동안의 TV 프레임에 메탈 소재를 적용한 '3D 스마트TV' 프레임을 만들어냈다. 게다가 두께가 얇은 것을 선호하는 소비자의 성향을 감안해 초박형 기술을 더했다. 스마트TV란 TV 시청과 인터넷을 함께할 수 있는 복합 기능의 TV를 말하는데, 여기에 메탈 소재와 울트라 슬림 디자인으로 출시 초기 화제를 모았다.

신흥정밀이 이 제품을 만들기까지는 삼성의 숨은 공이 컸다. 설비비를 지원받은 것은 물론이고, 소재인 메탈도 삼성과 신흥정밀이 합작해 개발한 신소재다. 초슬림 프레임 역시 기술적으로 매우 힘든 작업이었지만, 삼성전자 기술센터 직원들이 본사인 안성뿐 아니라 국내 7곳의 공장에 파견되어 완성할 수 있었다.

2010년 10월에도 삼성전자는 제조기술센터 직원 10여 명을 신흥정밀 안성공장에 파견한 적이 있다. 공장 업그레이드를 위한 컨설팅팀이었다. 소재공학·화학공학 분야 전문가들과 컨설턴트로 꾸려진 이 팀은 신흥정밀 직원들과 함께 협력팀을 구성해 관리부터 생산에 이르기까지 모든 과정을 꼼꼼히 점검하고 개선 방향을 토의했다. 그리고 생산 과정에 함께 참여해 불완전하거나 비합리적인 부분을 찾아냈다. 첨단화 시대에 걸맞게 빠르게 변해가는 업계의 현황에 대해서도 교육을 받았다.

그 결과, 공장 안팎에서 놀라운 일이 벌어졌다. 가장 눈에 띄는 변화는 두 배로 향상된 생산량이었다. 더욱이 기존에 4~5%였던 불량률이 1.3%로 낮아졌다. 삼성의 관리와 현장의 기술력이 만나 생산성 향상이라는 시너지를 낳은 것이다.

2011년 2월에는 삼성전자 영상디스플레이사업부 윤부근 사장이 직접 신흥정밀을 방문했다. '동반성장 데이' 행사의 일환이기도 했지만, 기술협력 현장을 직접 눈으로 확인하고 점검하는 자리이기도 했다. 이는 협력사와의 상생이 말이나 구호가 아니라 진정한 동반자 관계에 있다는 것을 보여준 실례라 할 수 있다.

이 자리에서 윤 사장은 예외 없이 "신흥정밀의 품질이 삼성전자의 경쟁력과 직결된다"면서 "이를 위해 핵심 기술을 확보하고 함께 win-win해 나가자"고 당부했다. 2010년 한 해만도 8900억 원의 매출을 올린 신흥정밀의 정순상 대표도 "대기업도 협력사도 함께 동고동락해야만 살 수 있다는 것을 실감한다"며 윤 사장의 발언에 화답했다.

신흥정밀은 현재 국내 7곳의 공장 외에도 태국에 공장을 가지고 있다. 삼성전자가 태국에 진출한 90년대에 설립한 것인데, 이때도 삼성은 해외 공장의 설비 운영 자금 등을 지원했다. 이밖에 중국을 비롯해 인도·루마니아 등지에 15개 해외 법인을 두고 있는데, 이 역시 삼성의 해외동반진출에 따른 것으로 수십 년 동안 지속되어 온 삼성과의 동반성장 결과물인 셈이다.

중소기업과의 협력 위해
지원 조직 강화

삼성전자 최지성 부회장은 "지난해 사상 최대 매출과 영업이익을 달성한 것은 협력사의 도움 없이는 절대로 이룰 수 없었다"며, "끊임없는 혁신 활동과 경쟁력 확보를 위해 노력해 온 것에 대해 감사하다"고 말한다.

삼성전자는 상생협력의 실행력을 높이기 위해 상생협력센터를 CEO 직속 조직으로 개편하고 부사장급(최병석 부사장)을 조직장으로 임명하는 등 2010년 8월 선언한 '상생경영 7대 실천방안'을 강력하게 추진해 나가고 있다. 삼성전자 경영진들도 협력사를 직접 방문해 현장의 목소리를 듣고 개선 사항을 수렴하는 등 동반성장의 실질적 지원을 위한 현장 경영을 지속적으로 전개해 나가고 있다.

10

이마트
품질관리부터 신제품 개발까지
머리 맞댄 파트너

단순한 족발가게에 불과했던 보승식품이 오늘날 연매출 300억 원의 중소기업으로 성장하고
품질 및 기업 경쟁력을 인정받아 국내 족발업계의 선두주자들과 어깨를 나란히 할 수
있었던 것은 이마트의 꾸준한 품질관리와 상생협력 정신이 빚어낸 결과라고 할 수 있다.

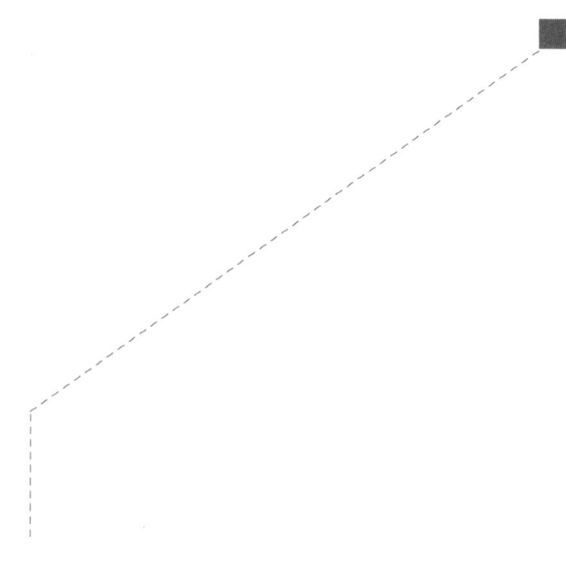

유통업의 성패는
품질관리에서 시작된다

이마트는 우리나라 최대 매장을 자랑하는 유통업체다. 제품을 만들거나 생산하는 업체가 아니어서 상품의 질을 직접적으로 좌우할 수는 없지만, 그렇다고 해서 품질에 관여하지 않을 수도 없다. 취급하는 상품의 질과 가격이 이마트를 찾는 고객의 발걸음을 좌우하기 때문이다. 그래서 협력회사의 품질관리를 위해 늘 신경을 쓰고 지원을 아끼지 않는다.

이마트의 품질관리는 협력회사의 생산 제조 설비의 공정, 위생, 품질관리 등을 점검하는 외부 전문기관과 상품의 회계감사나 품질을 검증하는 내부 품질관리 전담팀이 맡는다. 이들은 품질관리 지원 프로세서인 공장 정기심사를 통해 현상을 파악하고 개선(안) 및 개선 일정을 수립한 후, 과정 관리 및 중간점검, 개선 결과 검증 등에 관여하는데 서로 점검하는 방식으로 협력회사의 경쟁력 강화를 유도하고 있다.

이마트는 지난 2007년부터 품질관리 지원을 시작했으며, 2011년부터는 공장 심사에 드는 비용도 직접 지원함으로써 협력회사는 추가 비용 없이 품질관리 향상을 꾀할 수 있게 되었다. 2011년 상반기에 181개사를 대상으로 약 2억 원을 들여 공장 심사를 했으며, 하반기에는 280개사를 대상으로 약 2억 5천만 원의 비용을 들여 심사를 진행했다.

또한 동반성장을 위한 '식품안전관리' 프로그램도 운영하고 있다. 총 9개사를 선정하여 3개월에 걸쳐 현장경영 지도 및 집중 개선 활동을 전개하고 있으며, 식품위생 온라인 교육 등도 병행하고 있다.

협력회사에서 들어오는 상품의 질이 유통업의 성패를 좌우한다는 현실 인식에서 시작된 것이지만, 상품의 질이 담보되기 위해서는 협력회사의 건강한 성장이 동반되어야 한다는 상생협력 정신에서 비롯된 것이기도 하다.

단순한 족발가게에 불과했던 보승식품이 오늘날 연매출 300억 원의 중소기업으로 성장하고 품질 및 기업 경쟁력을 인정받아 국내 족발업계의 선두주자들과 어깨를 나란히 할 수 있었던 것도 이마트의 꾸준한 품질관리와 상생협력 정신이 빚어낸 결과라고 할 수 있다.

동네 족발가게에서
백화점 납품업체 된 보승식품

보승식품과 이마트가 인연을 맺게 된 것은 1991년 신세계백화점 본점에 족발을 납품하면서부터이다. 1990년부터 서울 수색동에서 조그마한 족발가게를 운영하던 보승의 정의채 사장은 가게를 자주 찾던 신세계백화점 직원들로부터 맛이 좋으니 납품을 해달라는 제안을 받았다. 제안은 고마웠지만 정 사장은 선뜻 받아들일 수가 없었다. 큰 규모의 백화점에 납품하려면 위생적으로 문제가 전혀 없어야 하는데, 상품을 유통시켜 본 경험이 전혀 없어 고민이 되었던 것이다.

이마트에 진열돼 있는 보승식품의 족발.

그러나 신세계측의 정보 제공으로 진공포장 기술을 습득하게 되면서 그 문제를 해결할 수 있었다. 진공포장 덕분에 기존에 1~2일밖에 안 되었던 유통기한을 방부제 없이도 30일까지 늘릴 수 있었던 것이다. 이때 첫선을 보인 보승식품의 족발 간편식은 입소문을 타고 인기를 끌기 시작했다.

조그만 족발가게 입장에서는 신세계백화점 납품만으로도 가슴 벅찬 일인데 잇따라 보승의 운명을 바꿀 만한 사건이 일어났다. 창동에 이마트 1호점이 생기면서 그곳에도 족발을 납품하게 된 것이다. 이날 이후 이마트는 보승의 족발이 주로 판매되는 창구 역할을 하게 되면서 보승식품은 이마트가 10호점, 50호점, 100호점을 열어가는 동안 함께 급성장하는 동반자가 되었다.

보승식품 연도별 성장 추이

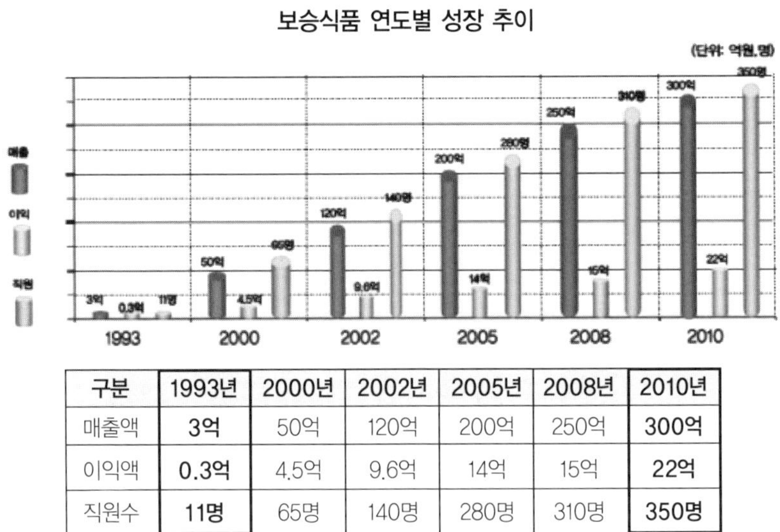

구분	1993년	2000년	2002년	2005년	2008년	2010년
매출액	3억	50억	120억	200억	250억	300억
이익액	0.3억	4.5억	9.6억	14억	15억	22억
직원수	11명	65명	140명	280명	310명	350명

식약청 HACCP 인증으로
날개 단 보승

보승의 상품이 식품인 만큼 두 회사는 무엇보다 품질관리와 위생에 신경을 썼다. 그 무렵은 특히 식품위생에 대한 사회적 관심이 높아지고 있던 상황이라 더욱더 신경을 썼다. 보승은 이마트에 신설된 품질관리팀으로부터 품질부문의 현장관리 지도를 받았는데, 이때 HACCP(식품 위해요소 중점관리 기준)에 대한 정보를 듣고는 HACCP 인증을 받기 위해 과감하게 투자하기로 결정했다.

그 결과 보승은 2007년 마침내 식약청으로부터 HACCP 인증을 받을 수 있었다. 국내 족발 생산업체로서는 두 번째로 받은 인증이었다. 이렇게 해서 식품 제조 전문 기업으로서의 기반을 갖추게 된 보승은 그 후 CJ 프레쉬웨이, 인터파크, 아워홈 등에도 납품할 수 있게 되었다.

이마트 품질관리팀의 정기검사에서도 보승의 성적은 탁월했다. 2008년 골드Gold 등급을 받은 데 이어, 2009년에는 최고 등급인 플래티늄Platinum 등급을 받았던 것이다. 그 후로도 매년 플래티늄 등급을 유지함

HACCP 인증Hazard analysis and Critical Control points : 생산–제조–유통의 전 과정에서 식품의 위생에 해로운 영향을 미칠 수 있는 위해 요소를 분석하고, 이러한 위해 요소를 제거하거나 안전성을 확보할 수 있도록 과학적이고 체계적으로 식품의 안전을 관리하는 제도.

품질관리 정기검사(공장심사) : 2007년부터 품질관리를 위해 외부 전문기관인 BSI Korea와 계약하여 작업장 환경, 위생관리, 제조 및 자재 등 5개 분야를 대상으로 현장을 방문하여 평가하고 등급 관리를 하는 것으로 등급은 플래티늄, 골드, 실버, 브론즈 순으로 되어 있다.

간편식 순대

으로써 품질과 위생 면에서 모두 최고의 경쟁력을 유지하고 있다.

한편 보승은 족발만으로는 한계를 느끼고 1997년 간편식 순대를 개발했다. 그 후 품목을 점차 늘려 훈제오리와 삼겹살, 그리고 2011년에는 보쌈수육과 불족발도 내놓았다. 순대만 해도 아바이순대와 매운 순대를 추가로 내놓았고, 족발도 독일식 족발에 매운 족발까지 다양한 족발을 출시했다.

이처럼 보승이 품목을 확대하고 신제품을 개발하는 데 든 투자 비용은 무려 20억 원이 넘는다. 웬만한 중소기업으로서는 엄두도 내지 못할 금액이다. 이마트와 인연을 맺기 전처럼 직원 열 명으로 족발가게를 운영하던 때라면 감히 꿈도 꾸지 못했을 것이다.

그럼에도 이처럼 큰 자금을 선뜻 신제품 개발에 투자할 수 있었던 것은, 이마트가 판로를 확보하고 제품을 홍보해 주기 때문이었다. 그런 만큼 보승은 오로지 좋은 제품을 개발하는 데에만 집중하면 되었다. 기업 간의 신뢰 없이는 절대 불가능한 일이다.

매운 족발은
이마트 직원의 아이디어

이마트는 전국 110여 개 점포망을 통해 보승식품의 판로 확보를 돕는 한편, 공동 연구·개발도 게을리하지 않고 있다. 내부 아이디어나 주부평가단, 식품전문가 등 안팎의 의견을 종합해 신제품 개발 방향을 보승식품과 공유하는가 하면, 내부 아이디어도 과감하게 신제품에 반영한다.

최근 발표한 독일식 족발과 매콤한 족발 간편식이 대표적인 예. 이 아이디어는 사실 이마트 식품 담당 바이어가 제안한 것으로, 고객들의 반응이 매우 좋아서 다들 흡족해하고 있다.

사업 초창기인 1993년만 해도 직원 10명에 연매출 7억 원을 기록하던 보승식품은 현재 임직원 400여 명에 연매출 300억 원을 바라보는 탄탄한 식품 전문기업으로 우뚝 섰다. 고용과 매출이 각각 40배가량 늘었고, 원재료와 포장재를 납품하는 협력회사 수도 30여 곳이나 된다. 경영의 내실을 가늠할 수 있는 영업이익률이 2010년

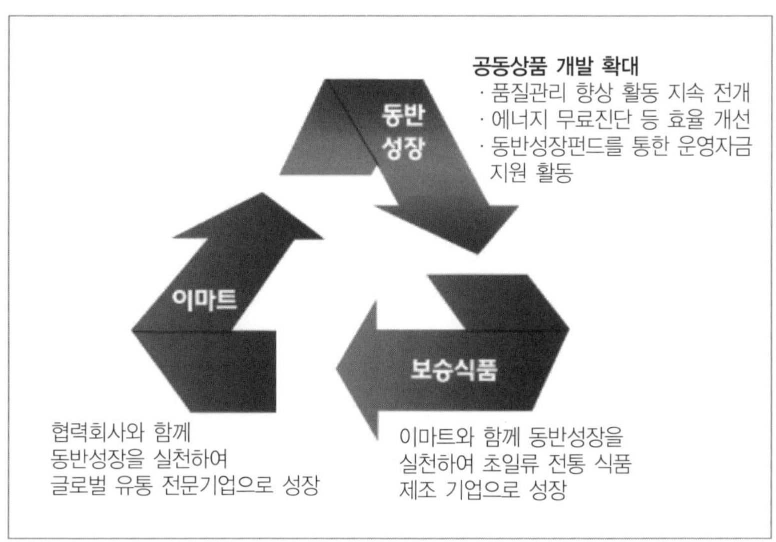

8%대로 식품 전문업체로서는 아주 탄탄하다.

이처럼 보승이 성장할 수 있었던 배경에는 이마트의 아낌없는 지원과 협력이 있었다.

그리고 무엇보다도 보승식품의 성공으로 인스턴트 식품에 대한 불신이 눈에 띄게 줄었다는 점은 돈으로 환산할 수 없는 소중한 성과라 할 수 있다. 현장에서 만난 한 소비자는 이렇게 말한다.

"이마트에서 파는 간편식 때문에 인스턴트 음식에 대한 편견이 많이 누그러졌어요."

이런 성과에 힘입어 보승식품은 앞으로 고객들에게 안전한 먹거리를 제공하는 종합육가공업체로 회사를 키워 나갈 것이라고 포부를 밝힌다.

대기업 제조업체 하나가 백 개의 중소기업을 먹여 살린다고 한다면, 대기업 유통업체 하나는 천 개의 중소기업을 먹여 살린다. 대기업과 중소기업 사이의 상생과 협력이 중요한 이유가 바로 여기에 있다.

건전한 협력 관계가
시장의 성패 가른다

보승식품이야 초기부터 인연을 맺었다지만, 이마트의 이 같은 신생 전문기업 발굴 노력은 신세계그룹이 '윤리경영' 선언을 하던 1999년부터 본격화되었다. 2005년 이후로 매년 중소기업 초청 박

람회를 열어 그동안 331개의 신규 거래업체를 발굴하는 성과를 거
뒀다. 또 품질·위생관리 능력 향상을 위해 2007년부터 148개사에
컨설팅을 제공했으며, 2008년부터는 협력회사와 상생 비즈니스 모
델JBP 개발 프로젝트를 진행하고 있다. 이는 상품 개발과 원가절감,
마케팅 노하우 등을 공유해서 공동의 목표를 달성하기 위한 것으
로, 20여 개 협력사가 참여하고 있다.

이마트는 2005년 이후로 중소기업을 초청해 '동반성장 박람회'를 열고 있다.

그런가 하면 2007년부터는 자체 브랜드PL 상품을 대폭 확대하고
있다. PL 상품은 협력회사와 손잡고 동일한 제품에 이마트 자체 상
표를 달아 출시하는 상품을 말하는데, 마케팅이나 유통 단계 등에
투입되는 비용을 최대한 줄일 수 있어 가격 또한 저렴하다. 또 이를

개발하는 협력회사로서도 고정 판로를 확보, 안정적인 수익을 낼수 있다는 점에서 긍정적이다. 2010년 상반기에 이런 방식으로 PL상품 개발에 참여한 협력회사가 500여 개, 매출액은 6400억 원에이른다.

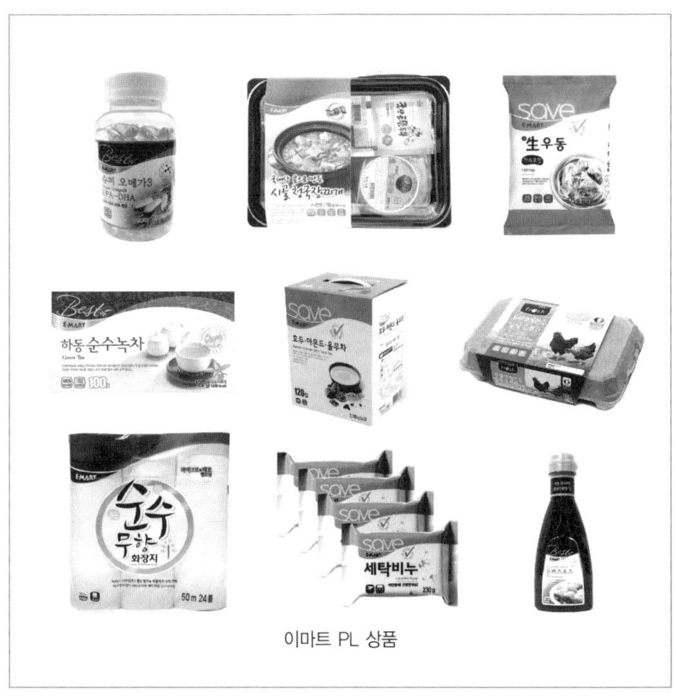

이마트 PL 상품

이밖에도 이마트는 협력회사의 근무환경을 개선하기 위해 약1000억 원을 들여 직원 식당과 휴게실, 탈의실, 샤워실 등을 개·보수했으며, 정기적인 야외 행사, 동호회 활동 등도 지원하고 있다.

협력회사 직원의 사기가 곧 이마트의 성패와 직결된다는 신념 때문이다.

이마트 관계자는 "이제는 건전한 협력 관계가 시장에서의 승패를 가르는 시대"라며 "협력회사의 성장 없이는 이마트의 성장도 담보할 수 없는 만큼 동반성장 프로그램을 더 강화해 나갈 것"이라고 말한다. 이에 화답하는 보승식품 정 사장의 말 속에 동반성장이니 상생협력이니 하는 말들이 왜 강조되어야 하는지 고스란히 담겨 있다.

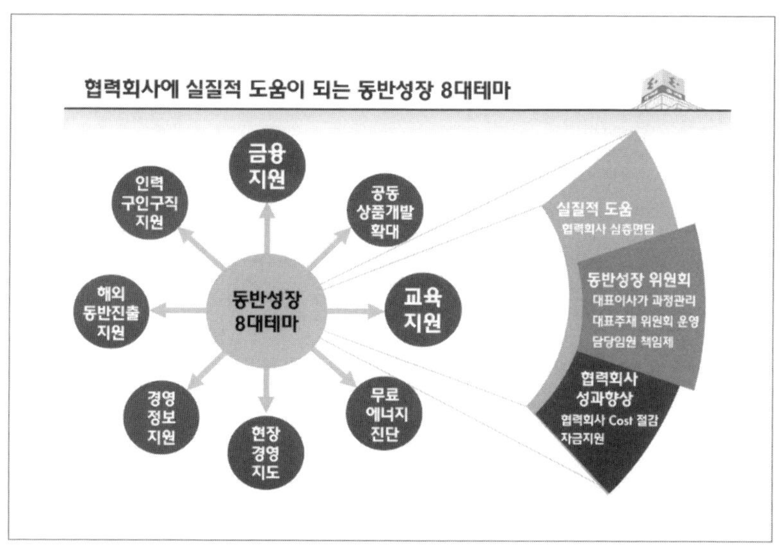

"신용은 기업이라면 결코 놓쳐서는 안 되는 가장 중요한 덕목 중 하나입니다. 이마트가 안정적인 판로뿐 아니라 품질교육, 위생

교육은 물론 신제품에 대한 아이디어 제공에 이르기까지 보여준
확실한 믿음 때문에, 협력회사인 우리도 좋은 제품을 개발하는 데
온 힘을 쏟는 겁니다. 이마트가 잘 돼야 우리도 살고, 또 우리가 좋
은 상품을 개발해야 이마트도 성장하지 않겠습니까."

중소기업적합업종선정, 오해와 진실

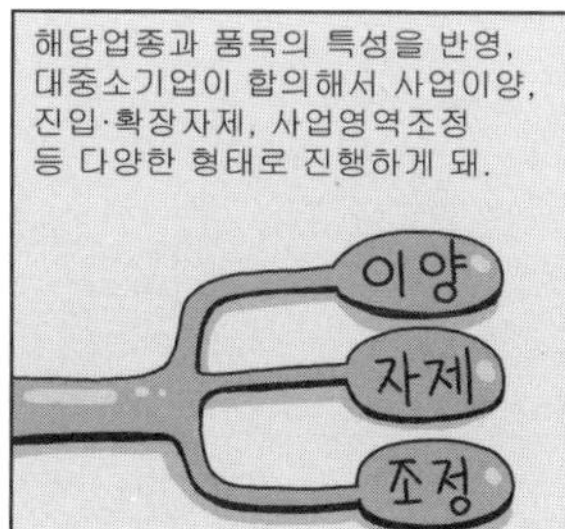

동반성장 어떻게 할 것인가?

일　시 : 2011년 11월 11일

장　소 : 중소기업협동조합중앙회 2층 소회의실

참석자 : **대우조선해양** 기획팀 차장 박찬현

　　　　두산중공업 동반성장추진팀장 양문조

　　　　롯데마트 동반성장전략팀장 강형중

　　　　하이닉스반도체 상생협력팀 수석 김종신

　　　　한국동서발전 동반성장센터장 김종희

　　　　KT 동반성장TF 차장 김대현

　　　　SK텔레콤 BR팀 차장 황현박

　　　　STX조선해양 동반성장팀장 김상우

사　회 : **동반성장위원회** 문화확산팀장 이재희

이날 좌담회는 이 책 발간을 위해 우수사례로 선정된 기업의 동반성장 실무책임자들이 참석하는 사례발표 토론회와 함께 진행되었다. 이 토론회는 동반성장 실무자들이 서로 정보를 교류하고 각 사별로 선정한 모범사례에 대해 설명하기 위해 개최되었는데, 본문에 언급된 참석자 외에도 두산중공업 동반성장추진팀 엄순근 차장, 롯데마트 동반성장전략팀 임효섭 책임, 하이닉스반도체 상생협력팀 김대성 책임, 한국동서발전 동반성장센터 강용주 부센터장, SK텔레콤 BR팀 김성수 매니저, KT 동반성장TF 남형욱 사원이 함께 토론에 참여했고, 동반성장위원회에서는 동반성장문화확산팀 홍수현 대리, 김윤희 주임이 함께 참석하였다. 좌담회에서 토론된 내용은 사회자가 최종 정리, 재구성하였으며 토론자는 회사명으로 통일하였다.

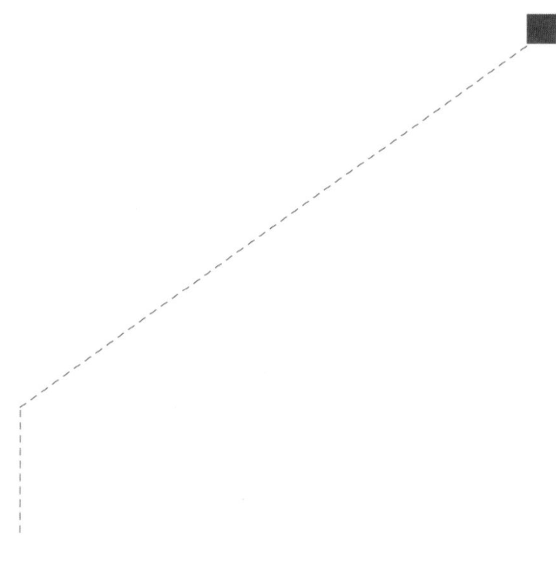

동반성장이란
무엇인가?

사회자　　　오늘의 토론회는 각 기업의 동반성장 실무자들이 동반성장에 대해서 어떤 생각을 가지고 있는지, 현장에서 느끼는 동반성장의 현실은 어떤지 확인하기 위해 마련했습니다. 동반성장에 대해서 그동안 많은 이야기들이 있었습니다만, 실무자 입장에서는 뚜렷이 어떻게 하는 것이 동반성장이라고 자신있게 말하기 어려웠던 것이 사실입니다.

원인은 두 가지라고 봅니다. 하나는 정부 차원에서 제시하는 동반성장의 기준이나 내용이 너무 포괄적이거나 실무적으로 어떻게 해보기 어려운 것들이었기 때문이고, 다른 하나는 정리된 이론이

나 상세한 사례 연구 결과를 거의 접하지 못했기 때문입니다.

저도 위원회에서 동반성장 문화 확산을 위한 일을 하고 있지만 지난 2006년에 제시된 상생협력, 작년에 나온 동반성장, 금년 8·15 경축사에서 언급된 '공생발전'이 구체적으로 무엇을 말하는지 잘 모르고 있습니다. 다만, 그동안 이런저런 자료도 보고 사람들도 만나면서 얻은 결론은 '생산과정, 즉 supply chain과 관련해서 대기업과 협력사가 어떻게 협력하고 무슨 이익을 서로 얻었는지, 그리고 서로가 만족에 이르기 위해서 어떤 것들이 필요한지를 상세히 알아야 제대로 일을 할 수 있겠다는 것이었습니다.

현장을 모르면 누구에게도 이렇게 하는 것이 동반성장이라고 말할 수 없습니다. 여러분이 속해 있는 대기업이 아니라 중견기업이나 중소기업에 계시는 분들은 한정된 인원과 적은 예산으로 무엇을 할 수 있을지 구체적인 사례를 보지 않고서는 감조차 잡기 어려울 것입니다. 예를 들어 큼직한 소 한 마리 끌어다 놓고 이것이 소라고 하면, 소인 줄은 알지만 그 맛은 알 수 없습니다. 각 부위를 잘라서 먹어 봐야 그 맛을 알 수 있는 것처럼 자기 조건에 맞는 동반성장 활동을 하기 위해서는 부위별로 해부를 해봐야 합니다. 구매 지점인지, 생산 지점인지, 공동개발인지, 기술지원인지 등 생산과정별로 '협력 지점'을 정해서 각 부문별로 대기업들이 어떻게 중소기업과 협력을 하고 있는지 알아야 뭐라도 할 수 있을 것입니다.

그래서 오늘 허심탄회하게 우리 실무자들의 생각을 털어놓고, 다 같이 공감대를 형성해 보려고 합니다. 편하게 기탄없이 말씀해 주시기 바랍니다.

롯데마트　　　동반성장은 무엇보다 문화 확산이 중요하다고 봅니다. 그래서 자발성이 중요합니다. 동반성장이 지금 새삼스레 많이 이야기되고 있지만, 따지고 보면 굳이 그런 말이 없어도 협력사와의 관계를 잘 풀고 협력사가 제대로 일해야 대기업도 잘 된다는 생각은 일반 직원들도 가지고 있습니다. 일을 해보니까 그렇더라는 것이지요. 옛날에는 협력사에 대해 다소 억압적이었던 것이 사실입니다. 그러나 2000년대 이후에는 협력사를 잘못 선택하거나 관계가 원활하지 못하면 제대로 된 제품을 생산하기 어렵다는 것을 다

알고 있습니다.

STX조선　　　사실 일반 직원들은 자기도 모르는 사이에 동반성장을 체화하고 있는 경우가 많습니다. 직원들은 협력사를 그냥 잘 도와줘야 한다고 생각하고, 최대한 도움을 주려고 노력합니다. 협력사의 요구가 무엇인지 파악하고 어떻게 해야 원활하게 사업이 진행될 수 있는지 생각합니다. 이게 바로 동반성장이라고 생각합니다. 서로의 요구에 맞추는 것이지요. 저는 이게 자연스러운 일이라고 생각합니다. 굳이 말하지 않아도 협력사를 제대로 도와주는 것이 함께 성장하고 발전하는 길이라는 것을 체화하는 것이 중요하다고 봅니다. 결국 동반성장은 자연스러운 기업 문화가 되어야 하고, 기업 간에 서로 협조하는 것이 당연하게 되어야 한다는 뜻으로 이해하고 싶습니다.

대우조선　　　맞습니다. 자발적인 것이 좋습니다. 인위적으로 이래라저래라 하는 것은 맞지 않는 것 같습니다. 특히 정부가 단선적인 제도적 접근만 하려고 해선 안 됩니다. 정부는 지원하는 역할을 해야 합니다. 예를 들면 동반성장지수 산정과 관련해서 저희들이 협력사와 동반성장협약을 맺고 있는데, 이 협약을 이행하기 위해서 협력사를 대상으로 여러 가지 교육을 합니다. 물론 교육 내용이 정말 협력사에 필요해서 흔쾌히 참여하는 경우가 대부분입니다. 그래서 저희들도 보람을 느낍니다.

그런데 이런 경우가 있습니다. 협력사 규모가 문제인데, 직원 한 명이 빠지면 제대로 일이 안 되는 업체도 많습니다. 직원 수가 50명 정도만 되어도 교육받는 사람 한 명 빠져도 되는데 10명도 안 되는 기업으로서는 일부러 사람을 빼서 교육 보내기가 어렵습니다. 협력사를 위해 교육을 얼마나 잘 하는가를 평가받으려는 대기업이 오히려 교육을 하고도 욕 먹는 경우가 발생합니다. 이런 일은 없어야 됩니다. 필요하면 찾아가서 현장교육을 하는 방법이 더 좋겠지요.

동서발전　　　중요한 것은 동반성장 필요성이 분명해야 한다는 것입니다.

사회자　　　잠깐만 정리를 좀 하겠습니다. 모두에 동반성장이란 무엇인가에 대해서 토론을 하자고 했는데 동반성장은 자연스럽게 해야 하고, 동반성장 문화를 확산해야 한다는 말씀이 나왔습니다. 동반성장의 핵심이 '의식 변화'라고 생각하시는 것 같습니다. 아마 동반성장에 대해 정의를 내리는 것이 쉽지 않거나 새삼스럽다고 느끼기 때문에 곧바로 이런 말씀이 나오는 것으로 보입니다. 동반성장은 저희 위원장님 말씀에 따르자면 공정거래와 기회균등이라고 할 수 있는데, 아마 그것이 너무나 당연하기 때문에 새삼 뭐라고 다시 이야기할 필요가 없다고 생각하시는 것 같습니다. 다들 동의하십니까? 그럼 자연스럽게 동반성장의 필요성에 대해서 계속 이야기를 이어가겠습니다.

동반성장,
왜 필요한가?

동서발전   저희 회사는 이미 오래전부터 협력사의 기술개발을 지원하고 있습니다. 목표는 외국 제품의 국산화입니다. 실제로 과거에는 발전 관련 부품과 장비들이 대부분 외국산이었습니다. 그러나 저희와 협력사가 함께 노력한 결과 지금은 국산화율이 상당히 높습니다. 결국 동반성장은 공동의 목표를 향해 함께 힘을 모으는 것 아닌가 싶습니다.

사회자   아주 중요한 말씀을 해주셨습니다. 생산력을 높이고 기술력을 제고하는 과정이 중소 협력회사들과의 협력 과정이라고 봅니다. 그런데 설령 한 번쯤 국산화를 해도 그보다 더 좋거나 값싼 외국산이 들어오면 결국 그동안 노력한 것이 수포로 돌아가지 않습니까? 이런 경우는 어떻게 하셨나요?

동서발전   맞습니다. 중요한 것은 지속적으로 개발할 수 있도록 구매를 계속해 주는 것입니다. 그런 경우에는 저희가 가격이 좀 비싸더라도 계속 구매를 해줍니다. 그리고 좀 더 좋은 제품을 개발할 기회를 줍니다. 저희가 협력사와 함께 정부 지원 과제를 만들기도 하고요. 저희 예산과 정부 지원 예산을 같이 사용해서 협력사를 지원합니다. 저희 회사에서는 구매와 관련해서도 엔드유저^{End User}인

저희 내부 현업 부서와 외부 제안사를 직접 연결하는 시스템을 갖추고 있습니다. 동반성장협력센터에서 외부의 제안사와 관련되는 부서 담당자를 연결해 드리는 것이지요.

사회자　자연스럽게 구매 관련 이야기도 나왔습니다. 구매 과정에서 외부 기업에 얼마나 많은 기회를 주느냐, 얼마나 용이하게 연결될 수 있도록 하느냐는 것도 동반성장의 중요한 내용이라고 생각합니다. 이와 관련해서 말씀해 주시지요.

하이닉스　저희도 구매 포털 시스템을 통해 잠재 협력회사를 등록하고 기술관련부서TSC와 연결시켜서 정식 협력회사로 등록합니다. 아마 구매 시스템은 대부분의 회사들이 잘 구축하고 있을 것입니다. 국산화와 관련해서 저희도 여러 가지로 노력을 하고 있습니다. 저희는 장비 국산화가 과제입니다. 지금 반도체 생산 장비 대부분이 외국산인데, 그 장비를 국내 기술로 대체해서 개발하는 데 어려움이 많습니다. 대형 장비 개발을 위해서는 협력사의 규모가 그에 맞아야 하는데 지금 대부분의 협력사들은 규모가 작습니다. 앞으로 국산 장비 개발을 위한 협력 시스템을 갖추는 데 많은 노력을 기울여야 할 것 같습니다.

KT　협력사와 지속적으로 관계를 맺는 일은 매우 중요합니다. KT에서도 그 중요성을 임직원 모두 공유하기 위해 노력하고 있습

니다. 일례로 KT의 경우, IT CEO Forum과 사업부서별 SCM^{Supply}
Chain Management 협의회 등을 통해 지속적으로 KT의 사업 방향과 중
소기업의 의견을 수렴하는 활동을 하고 있습니다. 그러나 저희와
같이 기술발전과 시장변화의 속도가 빠른 통신업종에서는 부품이
나 장비의 변화에 적절하게 대처하기가 쉽지 않습니다. 이는 IT 산
업에 종사하는 대기업이 대부분 유사할 것이라고 생각하는데, 협
력사의 범위와 협력 기간, 협력의 정도를 어떻게 조정하고 개선해
가느냐는 문제와도 연관이 됩니다.

사회자　　쉽지 않은 문제이군요. 사실 협력사와의 관계가 어느 정
도까지 되어야 하느냐는 쉽게 정의 내리기 어려운 것 같습니다. 일
단의 협력사 집단을 오래 유지하면 다른 기술을 가진 업체들이 참
여할 기회를 박탈할 수 있고, 이른바 진입장벽을 높이는 것과 같지
요. 그러다 보면 경쟁을 통한 기술력 제고에 문제가 생길 수도 있습
니다. 반면에 너무 자주 바뀌면 잠재적 가능성이 있는 많은 중소기
업들이 그보다 큰 규모의 업체에 밀려나서 이 또한 공정한 경쟁 기
회를 얻지 못하게 됩니다.

　협력사와의 결합 내용도 마찬가지인 것 같습니다. 단순한 경험
전수나 일정 수준의 기술지원으로부터 시작해서 거의 항구적인 의
미에서의 파트너십을 의미하는 재무적 투자까지 그 스펙트럼은 상
당히 넓을 수 있습니다. 이 문제는 업종이나 시장, 개별 기업의 특
성에 따라 적절하게 달라져야 하겠습니다. 전문가들의 연구가 많

이 필요한 부분이라고 생각합니다.

지금까지 동반성장의 필요성에 대해서 국산화라는 목표가 상당히 유효하다는 의견이 있었고, 부가적으로 구매 과정에서부터 효율적으로 협력 시스템을 갖추는 것이 중요하다는 말씀도 있었습니다. 그리고 협력사와의 관계 범위와 지속성의 문제를 면밀히 검토해야 한다는 의견이 있었습니다. 다른 분 말씀 없으십니까?

롯데마트　　　소통이 가장 중요합니다. 이것은 동반성장의 기본 전제이기도 하고 동반성장의 목표이기도 합니다. 대·중소기업 간의 원활한 소통을 통해서 동반성장이 활력을 얻을 수 있습니다. 결국 동반성장은 대·중소기업 간의 의사 및 기술 소통이라고 볼 수도 있을 것 같습니다. 기업 내에서도 마찬가지입니다. 상하간에, 부서 간에 소통이 원활해야 회사 전체가 잘 돌아가고, 협력사와의 동반성장을 위해서도 내부 커뮤니케이션이 원활해야 합니다. 저희 회사에서는 '소통 사이트'를 개발해서 운영하고 있습니다. 1000여 개 협력사가 가입되어 있는데, 많은 의견과 아이디어가 제시됩니다. 그렇다 보니 내부 의사결정도 빨라져서 업무효율이 높아집니다. 결국 이제는 협력사 전체를 포함하는 네트워크 경쟁력에 중점을 두어야 한다고 생각합니다.

SK텔레콤　　　그렇습니다. 특히 저희와 같은 망산업 분야에서는 소통이 더없이 중요합니다. 흔히 애플사의 '앱스토어'를 얘기하면서 플랫폼으로서의 대기업론을 이야기합니다만, 이것이 가능하기 위해 우선되어야 하는 것이 소통입니다. 그리고 소통을 기반으로 한 상호 신뢰입니다. 저희도 내·외부 원활한 소통을 위해 많은 노력을 기울이고 있습니다.

사회자　예, 소통 문제는 전 사회적 문제이기도 하지요. 어쨌건 앞으로도 많은 노력을 기울여 주시기 바랍니다. 또 다른 말씀 없습니까?

두산중공업　조금 다른 차원에서 한 말씀 드리겠습니다. 저는 대·중소기업 간 적절한 역할분담을 위해서 동반성장이 필요하다고 생각합니다. 대기업이 모든 것을 다 하는 시대는 이미 오래전에 지나갔습니다. 협력사가 단순 하청 개념에 머물러서도 안 됩니다.
　저희 회사는 최대한 협력사의 참여를 높이려고 합니다. 굳이 저희가 하지 않아도 될 분야는 하지 않는 것은 물론, 가능하면 협력사들이 할 분야를 넓히려고 합니다. 이렇게 하면 협력사의 기여도가 높아지고, 협력사의 기술 수준이나 적극적인 참여 의지에 따라 저희 회사가 얻는 이익도 달라집니다. 특히 해외 프로젝트에 참여할 때는 최소한 50%는 협력사를 통해 원부자재를 조달하고, 협력사를 전체적으로 지원합니다. 물론 발주처가 원부자재 구매 조건을 강화해서 해외 현지 조달 비율을 높여야 하는 경우 어려움이 있지만, 가능하면 협력사를 많이 참여시키려고 합니다. 이렇게 해야 협력사와 동반성장할 수 있는 기회가 확대되고, 이렇게 하는 것이 대기업의 역할이라고 봅니다.

STX조선　두산과는 조금 다른 차원이지만 역할분담과 관련해서 이른바 '사내하청'에 대해 말씀드리겠습니다. 약간 미묘한 문제이기는 합니다만 저희 조선업종은, 자동차를 비롯한 대규모 조립사업장에서 대부분 하고 있는 일인데요, 생산라인별로 적절한 분업 시스템이 이루어지고 있습니다. 그렇다고 해서 같은 라인에 본사 직원과 협력사 직원이 같이 투입되고, 이 사람들이 서로 다른 조건에서 일하고, 그러다 보니 보이지 않는 갈등이 있을 것이다, 이렇게 보시면 안 됩니다. 이해하시지요? 본사 직원들은 대부분 설계나 관리 파트의 일을 하고, 조립 라인에서는 파트별로 각각 다른 협력사들이 투입되어 작업을 하고 있습니다.

저희 회사에서 일하는 협력사는 대부분 상당히 오랜 기간 협력관계를 유지하고 있습니다. 특별히 임금이 낮지도 않습니다. 그래서 근로자들이 고용 불안을 느끼지는 않는 것 같습니다. 사내하청이 무조건 나쁘다고 하기보다는 업종별로 협력 시스템이 다르다는 것을 이해해 주시면 좋겠습니다.

사회자　지금까지 동반성장의 필요성에 대해서 이야기를 나누었습니다. 목표가 분명해야 한다, 소통이 전제되어야 원활한 동반성장을 할 수 있다, 최대한 협력사를 하청이 아니라 파트너로 자리매

김해야 한다, 이런 말씀을 하셨습니다. 결국 생산과정에서 협력사가 최대한 자기 능력을 발휘할 수 있게 하는 것이 중요하고, 그렇게 하는 것이 동반성장이라는 의미로 정리하겠습니다. 지금까지 동반성장이란 무엇인지, 그것이 왜 필요한지에 대해서 이야기를 나누었는데, 다음은 대기업에서 바라보는 중소협력사의 요구는 어떤 것들이라고 보는지에 대해서 이야기를 나누어 보겠습니다.

대기업의 요구와
협력사의 필요

사회자　　중기중앙회 김기문 회장께서 "중소기업은 더도 덜도 말고 일한 만큼만 받기 원한다"고 말했지요. 제가 모두에 동반성장의 핵심은 기회균등과 공정거래라고 했는데, 이 말 속에 공정거래의 개념이 녹아 있다고 봅니다. 협력사의 요구는 역시 이것 아닌가요?

하이닉스　　맞습니다. 긴 말이 필요없습니다. 돈 제대로 달라는 것이지요. 그리고 하나 더 추가하자면 돈을 벌 수 있는 기회를 더 많이 달라는 것도 있습니다. 사회자께서 말씀하신 기회균등의 의미도 포함된 말이겠지요.

사회자　　'돈' 그 자체가 공정경쟁과 기회균등의 동반성장 내용을 포함하고 있군요. 참 의미심장합니다. 돌고 돌아 돈이라는 말이 있듯이, 돌고 돌려면 당연히 한쪽에 치우쳐서는 안 되겠지요. 사실 돈 이야기가 나왔으니 말이지만, 이른바 중소협력사에 대한 '단가 후려치기' 문제를 이야기하지 않을 수 없습니다. 이 자리에 계신 분들이 뭐라고 시원하게 이야기하기는 어렵겠지만, 이 문제를 어떻게 해야 해결할 수 있을지 한번 생각해 봐야 되지 않겠습니까?

두산중공업　　사회자께서 정말 어려운 주문을 하시네요. (웃음) 정답만 말씀드리겠습니다. 사실 단가 문제는 저희가 얼마에 수주를 하느냐와 연결된 문제입니다. 솔직히 저희도 지난해까지는 해외 플랜트 공사를 딸 때 최저가로 수주를 했습니다. 아마 저희와 관련된 업체나 동일 업종에 계신 분들은 잘 아실 것입니다. 그러다 보니 협력사들이 많이 어려워했던 것이 사실입니다.

그러나 지금은 그렇지 않습니다. 이미 말씀드렸지만 최대한 협력사가 할 수 있는 분야를 늘리려 하고, 최저 입찰보다는 적정 마진을 포함할 수 있도록 하고 있습니다. 문제는 국제경쟁력이란 것이 기술력만으로는 안 된다는 것입니다. 가격경쟁력이 뒷받침되지 않으면 어렵습니다. 이 점은 협력사나 동반성장위원회, 정부에서도 인정해 주어야 한다고 말씀드리고 싶습니다.

이 문제를 해결하기 위해서는 결국 협력사와 최대한 신뢰 관계를 형성해서, 어떤 경우에는 마진 폭이 적어도 다음을 위해 같이 참가하고, 마진이 좋을 때는 많이 나눌 수 있도록 해야 할 것입니다. 그러기 위해서는 역시 기술개발이 가장 우선되어야겠지요. 저희 회사에서 협력사에 기술교육이나 경영 전반에 걸친 컨설팅을 하는 이유도 여기에 있습니다. 아마 다른 회사에서도 대부분 이런 노력들을 하고 계시는 것으로 알고 있습니다.

다만 차이가 있다면, 협력사와 신뢰 관계를 유지하기 위해서 직접 우리가 그 회사 운영 상황을 살펴보지 않고, 제3의 전문 컨설팅 회사가 협력사의 애로사항을 청취하고 그 회사 발전에 필요한 것을 도와주도록 한다는 것입니다. 이렇게 하니까 협력사와의 신뢰도가 높아지고 협력도 잘 되고 있습니다.

사회자　　너무 민감한 질문을 드렸나 봅니다. 단가 문제는 이쯤에서 협력사와의 신뢰를 통한 기술 발전을 계속해야 조금씩 해결될 수 있다는 것으로 정리하겠습니다. 단가 문제를 해결할 방법론에 대해서는 이익공유제와 성과공유제 등이 논의되고 있지만 저희가 이 자리에서 다루기는 어려울 것 같습니다. 다음에 기회가 되면 이와 관련해서 한번 토론할 수 있기를 바랍니다.

결제와 관련해서는 물론이고 중소기업들에 대한 솔직한 느낌은 어떻습니까? 전반적으로 봤을 때 말이지요. 아마 이야기하기가 조금 민감할 수도 있을 것 같은데, 제가 먼저 말씀드리면 이런 거지요. 제가 일부에서 비공식적으로 듣기로는 중소기업들이 동반성장이라는 흐름에 편승해서 일방적인 기대를 하는 경향이 있다는 것입니다. 스스로 무언가를 하려고 하는 기업들이 많지만 일부에서는 '이 정도는 해줘야 되는 거 아니냐'는 식의 태도를 가지고 있다는 것이지요. 그렇게 느끼시나요?

KT 　앞서 말씀드린 어디까지 협력해야 하는가 하는 문제와 연결되는 것 같습니다. 예를 들어 최근에 있었던 사례를 하나 말씀드리면, KT와 거래가 없는 소규모 중계기 개발 업체에서 KT에 새로운 중계기 기술을 제안했는데, 이 기술의 효율성에 대한 내부 기술 검증을 통해 개발 가능성을 확인하고, 지속적 협력관계 구축 및 글로벌 진출 지원을 추진한 사례가 있습니다. 그 결과 시장에 숨겨진 새로운 플레이어Player를 발굴하게 되었고, 글로벌 중계기 업체들과 경쟁할 수 있는 중요한 무기를 확보할 수 있었습니다.

사회자 　참 어려운 문제입니다. 또 말씀하실 분 없습니까? 다른 분들은 말씀이 없는 걸 보니 대놓고 직접 말씀하시기가 어려운 것 같습니다. 제가 해석하기에는 중소기업이 대기업의 협력사가 된다는 것이 기득권이 되어서는 안 된다, 다시 말해 기존 협력 관계가 진입장벽으로 작용해서 장벽 바깥에 있는 더 좋은 협력 대상 기업과의 연결 기회를 잃어버려서는 안 된다는 의미인 것 같습니다. 얘기가 조금 빗나갔는데, 요즘은 대기업이 1차 협력사에 결제하는 데는 별 문제가 없다고 들었습니다. 어떻습니까?

대우조선 　맞습니다. 지금 대부분의 대기업들은 1차 협력사에게 매월 혹은 한 달에 1~2회에 걸쳐 현금결제를 하고 있습니다. 동반성장지수 산정과 관련해서도 중요한 평가지표이기 때문에 문제가 되는 회사는 아마 거의 없을 겁니다. 저희 회사도 마찬가지고요.

문제는 1차 협력사에서 2·3 협력사로 흘러가는 과정에서 나타납니다. 아무래도 자금 사정이 발주처인 대기업에 비해 좀 어렵기 때문인 것 같은데, 어음이 여전히 많이 통용되고 있다고 들었습니다. 저희들이 앞으로 이 부분에 좀 더 신경을 써야 될 것 같습니다. 다만 저희들이 2·3 협력사에 대한 결제 문제까지 1차 협력사에게 이래라저래라 하기 어려운 점이 있기 때문에, 한꺼번에 완전히 어떻게 하기보다는 조금 시간을 가지고 협력사를 설득해 나가야 될 것으로 생각합니다.

사회자　　동반성장의 온기가 2·3차 협력회사들에게까지 전달되지 못한다는 말이 나오는 이유가 바로 이런 문제 때문이라고 봅니다. 제가 알기로는 고용노동부나 국토해양부에서 2·3차 협력사에 대한 대금지급확인 시스템을 도입할 예정이고, 경상남도의 경우는 '경상남도 관급공사 임금체불 방지 등에 관한 조례(조례 제3608호, 2011.06.16)'를 제정하여 시행하고 있습니다. 그리고 충청남도에서도 대금지급확인제를 도입할 예정인 것으로 알고 있습니다. 모쪼록 대금지급 문제로 인해서 2·3차 협력사로부터 불만의 소리가 나오지 않게 해주시기 바랍니다.

STX조선　　저희는 계약을 프로젝트별로 건건이 맺는 것이 아니라 연^年계약을 맺고 있습니다. 그러다 보니 장단점이 있습니다. 원자재 값이 오르거나 내릴 때 적절히 단가 변동을 하지 못하다 보니 정부에서 제시하는 동반성장 가이드라인을 맞추는 데 어려움이 있습니다. 그렇지만 한편으로는 원자재 가격이 내려갈 때 단가를 내리지 않으니 협력사는 그 나름대로 이점이 있습니다. 이런 문제는 개별 회사의 운영시스템을 고려해서 평가해 주시면 좋겠습니다.

SK텔레콤　　돈 문제도 있지만 협력사는 '인격적 대우'도 요구하고 있습니다. 사실 대기업과 중소기업의 관계가 '갑을' 관계라고 하는 것에는 이런 문제도 포함되어 있습니다. 정운찬 동반성장위원장님께서 "'을'의 위치에 있는 중소기업은 이 갑을 관계를 '죽을 사자 을사조약' 이라고 한다"는 말씀을 하셨는데, 솔직히 그렇지 않다고 부정하기 어려울 것입니다.

이 문제는 사실 많이 개선되고 있습니다. 저희 회사 직원들도 그렇고, 협력사 사장님들도 과거보다는 분위기가 많이 달라졌다고 이야기합니다. 협력사와의 관계가 원활하지 못하면 저희 같은 업종은 물론 다른 분야에서도 더 이상 발전을 하기 어렵습니다. 아마 동의하실 것입니다. 협력사의 경쟁력이 대기업의 경쟁력이라는 생각을 거의 대부분의 직원들이 하고 있습니다. 회사 내부적으로 이런 마인드가 확산되고 있기 때문에 시간이 지나면 동반성장이라는 큰 틀에서 대·중소기업이 함께 발전할 것이라고 확신합니다.

롯데마트 맞습니다. 저희 회사가 소통에 가장 많은 관심과 노력을 기울이고 있다는 말씀을 드렸는데, 협력사와 소통하려면 협력사 쪽 사람들의 마음을 얻어야 합니다. 저희 유통회사는 좋은 제품을 찾는 것이 가장 중요합니다. 그래서 많은 생산자와 생산업체를 접촉하게 되는데, 신뢰를 주지 않으면 그분들이 마음을 열지 않습니다. '저것들이 또 뭐 등치려고 왔어?' 이렇게 생각하면 아무것도 안 됩니다. 겉으로만 그런 척 해봐야 안 됩니다. 한두 살 먹은 어린아이도 아닌데 말만 번지르르해서야 제대로 이야기가 되겠습니까? 필요하면 생산 노하우를 같이 공유해야 되는데, 그러려면 신뢰가 가장 우선되어야 합니다.

사회자 맞습니다. 대등한 파트너십이 전제되어야 동반성장이 가능하겠지요. 그러면 자연스럽게 시선을 회사 내부로 돌려 보겠습니다. 여러분 각 회사의 내부 분위기에 대해서 말씀해 주시고, 동반성장을 잘 하기 위해서 내부적으로 무엇이 필요하다고 생각하는지 말씀해 주십시오.

동반성장을 하기 위해서는
무엇이 필요한가?

동서발전 가장 중요한 것은 동반성장하겠다는 의지입니다. 특히 최고책임자인 CEO나 그룹사의 오너가 의지를 가져야 합니다. 그

의지에 따라서 모든 것이 결정된다고 봅니다.

저희 회사는 이미 수년전부터 동반성장을 위한 협력사업을 하고 있습니다. 전담 조직인 동반성장센터를 운영한 지도 오래되었습니다. 이것은 저희 회사 자체의 성격상 협력사의 수입대체품 개발이 저희의 경쟁력과 직결되기 때문이기도 했지만, 그만큼 협력사와 동반성장하겠다는 의지가 강했기 때문이라고 자부합니다.

롯데마트 맞습니다. 의지가 정말 중요합니다. 그리고 중요한 것은 내부적으로 동반성장 전담 조직이 있어야 하고, 그 조직의 회사 내 위상도 높아야 한다는 것입니다. 저희는 동반성장전략팀이 사장님께 직접 보고하고 지시를 받습니다. 그렇게 하니까 다른 실무 부서에서도 협조를 많이 합니다.

하이닉스 저희도 마찬가지입니다. 대부분 이 자리에 계신 분들이 소속된 회사는 동반성장 전담 부서를 두고 있고, 보고 라인도 단순하게 되어 있는 것 같습니다. 이게 정말 중요합니다. 회사에서 그만큼 동반성장에 대한 의지가 강하다는 표시입니다.

SK텔레콤 현재 주요 대기업들 모두 동반성장과 직·간접으로 관련된 일을 전담하거나 수행하고 있는 조직을 가지고 있습니다. 다른 대기업들과 차이가 있을지 모르겠지만, 실질적인 동반성장을 하는 부서일수록 눈에 잘 보이지 않는 것 같습니다. 사실 협력사와 직접 일을 수행하는 사업 부서 실무자들이 가장 많이 접촉을 합니다. 그런데 저희들은 그 사실을 잘 파악하지 못했습니다. 알고는 있었지만 현업 부서로부터 동반성장 내용을 들을 수 있는 기회를 가지기가 어려웠습니다.

이번 우수사례 모집 준비 과정에서 제가 속한 동반성장 조직이 미처 파악하지 못한 많은 우수사례들이 저변에 숨겨져 있다는 사실을 알 수 있었습니다. 지금부터는 저희 동반성장 전담 조직 실무자들이 외부의 파트너와 사업적인 접촉을 많이 하는 부서를 대상으로 동반성장의 의미를 각인시키는 노력을 더 많이 해야 하겠습니다. 그리고 모범적인 사례를 지속적으로 찾아서 축적하고, 이것을 홍보물이나 전파 매체를 통해 전 사회적으로 확산시켜 나가야 한다고 생각합니다.

사회자　　전담 조직 문제가 참으로 중요한 것 같습니다. 아마 오늘 토론한 내용을 나중에 책으로 읽으시는 독자 중에 중견기업이나 중소기업 관계자가 계신다면, 동반성장을 위한 내부 조직 구성이 얼마나 중요한지 알게 될 것입니다. 그러나 여러분이 소속된 회사보다 규모가 작은 회사에서는 이런 전담 조직을 두기가 쉽지 않을 것 같은데, 나중에라도 여러 회사에서 동반성장과 관련된 문의가 오면 성실하게 도와주시기 바랍니다.

이 주제에 대해서는 간단하게 정리하겠습니다. 동반성장을 위해서는 기업의 의지와 그 의지를 실현할 수 있는 전담 조직이 필요하다, 그리고 그 조직은 실무 부서로부터 최대한 협조를 받을 수 있도록 독립성과 권한을 많이 부여받아야 한다, 결국 기업 문화가 동반성장 체질로 바뀌어야 한다, 이렇게 정리하겠습니다.

다른 말씀 없으십니까? 없으면 제가 하나만 첨언하고 다음 주제로 넘어가겠습니다. 제가 여기 계신 분들과 개인적으로 이야기하다 보니 동반성장 전담 조직이 있어도 그 조직의 역할이 확대되지 않으면 안 되겠다는 생각이 들었습니다.

무슨 이야기인가 하면, 지금 지식경제부나 공정거래위원회 등 정부 기구나 저희 위원회, 그리고 각종 관계기관이 기업들에게 요구하는 것이 많다는 것입니다. 이런저런 진행 상황을 알려 달라는 전화부터, 동반성장지수와 관련해서 가점을 받을 수 있는 행사를 준비하는 것 까지, 여러 가지 보여주고 대답해야 할 일이 한두 가지가 아닙니다. 그러다 보니 협력사와 더불어 생산 활동과 관련된 협력 시스템을 개선하거나, 회사 내에 동반성장을 위한 업무협조 방안을 마련하거나, 현업 부서를 방문해서 동반성장이 구체적으로 어떻게 이루어지는지 살펴보거나 하는, 현장 중심 활동을 하기 어렵습니다.

제가 이번 사례집을 내면서 굳이 여러분들께 내용 정리를 직접 해달라고 부탁드린 이유는 가장 작은 단위, 가장 좁은 접촉면에서 동반성장이 어떻게 살아 움직이는지 독자들에게 보여주기 위해서입니다. 그런데 정작 여러분들이 현장 상황을 잘 모른다고 했습니다. 현재 주어진 일을 처리하기에도 너무 바빠서 말이지요.

이렇게 해서는 이른바 형식주의와 성과중심주의에 빠지게 되고, 동반성장의 취지와 가치가 기업 내부에서 체화될 수 없습니다. 그래서 전담 조직의 존재 유무를 넘어서 이제부터는 내부적으로 업무협력 시스템을 잘 구축하여 생산현장에서 일어나는 일들이 전체적으로 동반성장 전담 부서에 전달될 수 있기를 바란다는 말씀을 꼭 드리고 싶습니다.

마지막으로 동반성장의 앞날이 어떻게 될지, 아니 어떻게 해야 할지, 전망과 함께 바람을 담아서 한 말씀씩 해주시기 바랍니다.

앞으로의 전망 :
동반성장 어떻게 할 것인가?

두산중공업　　동반성장은 이미 시대적 과제가 되었다고 생각합니다. 개별 대기업이 협력 관계를 맺고 있는 회사들이 수십 수백 개에 이르고, 큰 회사는 협력사 수가 수천 개에 이릅니다. 산업이 발전할수록 협력사는 많아지고, 제조업의 경우는 그 협력사들이 독자적인 시장을 가지고 대기업과 경쟁하기보다 대기업과 협력 관계에서 사업을 하는 경우가 더 많아졌습니다. 그래서 대기업은 협력사와 함께 경쟁력을 키워 나갈 수밖에 없습니다.

SK텔레콤　　맞습니다. 저희 같은 경우는 더 그렇습니다. 앱스토어 이야기도 있었습니다만, 하드웨어와 소프트웨어, 대규모 생산라인과 아주 작은 규모의 창의적 기술이 모두 필요하고, 이것들이 잘 연결되어야 하나의 결과물이 나올 수 있습니다.

저희 같은 통신업체는 해외진출이 쉽지 않은데, 이와 관련해서 정부나 연구기관의 도움도 필요합니다. 해외시장을 개척하기 위해서는 개별 기업 차원을 넘어서야 합니다. 동반성장이 단순히 대기업과 1·2차 협력사와의 관계에서 끝날 것이 아니라 산학연관을 전반적으로 아우르는 종합적인 네트워크로 더 넓게 확대되어야 할 것입니다.

KT 앞의 두 분이 동반성장의 당위성과 협력 형태의 확대에 대해 말씀하셨는데, 저는 업종별로 동반성장의 모습이 다양하게 나타나야 한다고 생각합니다. 협력 대상, 협력 과정, 협력 결과의 배분, 이런 것들을 포함한 협력 시스템을 어떻게 구축할 것인지 보다 면밀하게 연구해 나가야 한다고 생각합니다.

더불어 지금 대내외적인 동반성장에 대한 인식도 이에 맞추어 발전되어야 한다고 생각합니다. 대금을 얼마나 지원해 주느냐, 언제 주느냐, 교육을 잘 하고 있느냐 하는 문제도 중요하지만 이에 더해 복합적인 협력 시스템을 구축하여 단순 자금지원에서 지분 투자 등의 산업 생태계 발전을 유도하는 노력이 필요합니다. 아울러 동반성장에 대한 큰 그림을 설계하고, 대·중소기업에 바람직한 동반성장 방향성과 방법론을 제시할 수 있는 전문가가 육성되었으면 하는 바람입니다.

사회자　　매우 중요한 내용을 한 번에 짚어 주셨습니다. 그만큼 동반성장이 어렵다는 것을 반증하는 것이기도 하고, 그만큼 필요하다는 것을 강조하는 말씀이기도 합니다. 좋은 말씀 고맙습니다.

하이닉스　　저는 지금 토론하면서 중소기업의 입장에서 동반성장이 정말 필요한지를 생각해 보았습니다. 혹시 지금 이야기하는 모든 것들이 대기업만의 필요에 의해서 나온 것들은 아닌지……. 정말 중소협력사들은 동반성장의 필요성을 느끼고 있을까, 어디까지 느끼고 있을까, 그냥 돈 잘 주고 주문이 끊어지지 않게 해달라는 것, 그 이상도 이하도 아닌 것은 아닐까 하고요.

　결론은 이렇습니다. 중소기업도 이제는 스스로 혁신하고 대기업과 더불어 성장하려는 의지를 가지지 않으면 안 된다, 만약 협력사로 등록되었다고 그것이 전부라고 생각하면 다 망한다, 이런 생각이 듭니다. 동반성장은 말 그대로 기업가 정신entrepreneurship이 필요하다, 큰 기업이건 작은 기업이건 기업가 정신을 가지지 않으면 안 된다, 한편이 도와주고 다른 한편이 도움을 받는 관계가 아니라 함께 노력하고 발전해야 한다고 생각합니다.

동서발전　　동반성장은 정말 필요한 것이고 앞으로도 필요합니다. 저는 동반성장을 위해서 정부나 동반성장위원회가 제도적 뒷받침을 더 많이 해야 한다고 생각합니다. 물론 동반성장을 기업 자율적으로 해야 한다는 것은 당연합니다. 그러나 동반성장이 잘 되고 있는지 꾸준히 살펴보고, 부족한 것이 있으면 지원해야 된다고 생각합니다. 말하자면 당근과 채찍을 적절하게 배합해서 기업들이 동반성장하지 않으면 안 된다는 생각이 아니라, 동반성장을 해야지 이익이 더 커진다는 생각이 들도록 해야 한다는 말입니다. 기업은 이익 창출을 위해 존재합니다. 무언가 이익이 되지 않으면 수동적이 될 수밖에 없습니다. 이런 차원에서 정부의 지원과 관리가 일정 기간 수반되어야 한다고 생각합니다.

사회자　　동반성장이 대기업뿐만 아니라 정말 모두에게 필요한 것이냐, 동반성장이 순수하게 자율적으로 잘 될 수 있을 것이냐, 이런 근본적인 물음을 던져 주셨습니다. 점점 이야기가 깊어지는 것 같습니다.

대우조선　　저는 동반성장이라는 말이 더 이상 나오지 않을 때, 그때가 동반성장이 제대로 되는 시기라고 생각합니다. 동반성장이라는 말이 나온 지 얼마 되지 않았지만 그 말이 가지는 무게는 결코 가볍지 않습니다. 아니 오히려 뭔가 큰 짐을 어깨에 짊어진 느낌입니다. 솔직히 그렇지 않습니까?

저는 자율적으로 되어야 한다는 것에 대해 말씀드리겠습니다. 알아서 자체적으로 동반성장하고 있는데 군이 외부에서 '동반성장해라'고 하면 '그게 뭔데 내가 하는 것은 동반성장 아닌가, 다른 동반성장이 도대체 뭐지' 이렇게 될 것입니다.

사실 저는 정부에서 제시한 가이드라인이 저희 회사 실정에 정확히 맞는다고 보지는 않습니다. 다른 회사 분들도 그렇게 느끼실 것입니다. 지금은 처음이라 다소 일괄적으로 할 수밖에 없기는 하겠지만, 앞으로 시간이 갈수록 유연해져서 동반성장이라는 말이 들리지도 않고 그 말이 없어졌으면 좋겠습니다. 이렇게 되기 위해서 저희도 많이 노력하고 정부나 동반성장위원회도 많이 노력해야 하겠습니다. 한마디로 말해 '상선약수上善若水' 아니겠습니까?

STX조선　　좋은 말씀을 앞에서 너무 많이 해서 무슨 말을 해야 할지 모르겠습니다. 저는 동반성장이라는 말 속에 '대기업은 나쁜 놈, 중소기업은 피해자' 이런 의미가 없어졌으면 좋겠습니다. 사실 말은 안 하지만 대기업과 중소기업에 대한 이미지가 투영되어 있는 것이 사실입니다. 그렇지 않습니까?

동반성장 주체는 대기업만도 아니고 중소기업만도 아닙니다. 함께하는 것입니다. 물론 대기업에 등록된 하청업체로서의 중소기업만 생각하면 대기업이 무언가를 먼저 해줘야 하는 것이 당연합니다. 중소기업이 무언가를 기대하는 것도 충분히 이해할 수 있습니다.

그러나 앞으로는 달라져야 합니다. 정말 대·중소기업이 동반성장하기 위해서는, 이 토론 시작하면서 나온 이야기이지만, 서로가 '필요성'을 분명하게 느끼고, 공동으로 노력하는 자세를 가져야 합니다. 대기업과 중소기업에 대한 어떤 가치판단이 선행되어서는 공동의 노력이 이루어질 수 없습니다.

롯데마트　　　동반성장이 선택적인 말이 아니라 모두에게 필수적인 단어가 되었습니다. 자발적이건 아니건 간에 대체로 각 회사별로 자신들의 특징에 맞게 자리를 잡아가고 있다고 봅니다. 그만큼 노력하고 있기 때문입니다. 그래서 적어도 앞으로 10년 동안은 동반성장이 정부의 중요 정책 어젠다가 되고, 우리 국민의 관심사가 될 것이라고 생각합니다. 물론 시간이 가다 보면 어느 순간 동반성장이란 말이 없어지고 무언가 구체적인 개념으로 바뀌거나, 아니면 아예 철학적인 개념으로, 혹은 시대정신으로 승화될지 모르겠습니다.

이렇게 되기 위해서 지금 우리는 먼저 중소협력사에 고마워해야 한다고 봅니다. 조금 낯간지러운 발언일 수 있으나, 서로가 협력을 통해 고마움을 느끼지 않으면 종국에는 얼굴 붉히고 싸우며 헤어질 수 있기 때문에 이런 말씀을 드립니다. 다른 회사들도 마찬가지겠지만 특히 저희 회사와 관련해서 말씀드리면, 소비자와 생산자의 중간에 저희 유통업체가 있는 만큼 소비자를 만족시키고 생산자의 이익을 더 키우기 위해 최선을 다해야 합니다.

이런 위치에서 저희는 기본적으로 소비자에게 감사하는 마음을 가지고 있습니다. 그리고 이제는 한 번 더 생각해서 협력 관계에 있는 생산자에게 감사해야 합니다. 생산이 없는 유통은 없기 때문입니다. 생산자도 유통회사도 소비자도 다 같이 서로에게 감사하며 동반성장할 수 있는 사회가 되었으면 좋겠습니다.

사회자　　　감사합니다. 긴 시간 정말 생산적인 토론을 해주셨습니다. 우리 모두 서로에게 감사하고 서로에게 배울 수 있기를 바랍니다. 앞으로도 여러분과 많이 만나고 많이 듣겠습니다. 오늘을 계기로 여기 계신 모든 분들이 동반성장 실무자로서의 자부심을 더 높이고, 우리나라 동반성장을 현장에서 이끄는 주역으로 더욱 발전하시기 바랍니다. 수고하셨습니다.

동반성장 우수사례집
동반성장의 길을 찾다

초판 1쇄 펴낸날 2012년 1월 3일

엮은이 동반성장위원회
펴낸이 최윤정
펴낸곳 도서출판 나무와숲

등 록 22-1277
주 소 서울특별시 송파구 방이동 22 대우유토피아 1304호
전 화 02)3474-1114
팩 스 02)3474-1113
e-mail : namuwasup@namuwasup.com

ISBN 978-89-93632-21-7 03320

* 책값은 뒤표지에 있습니다.
* 잘못 만들어진 책은 구입하신 서점에서 바꿔 드립니다.